弓道資料集　第十七巻

# 堂射関係資料集　中

堂射の射法・射術／堂射に至る稽古段階／
堂射の稽古法

# はしがき

本資料集はこれまで編者が管見した近世弓術関係史資料のうち、堂射に関する記述部分を抜粋し、それを項目別に編集したものである。

諸国を巡り各地の名手を訪ねて術理を考究すること十数年、遂に先行する日置流諸派の蘊奥を極めた後大和流を創始したという森川香山は、独自の弓道理念と指導体系を構築し、それを基として後進の指導にあたる一方、術理に関するさまざまな弓書を著した人物として夙に知られた人物である。そして自著『大和流弓道教訓之巻』(承応元年―一六五二)や『射法指南』(寛文四年―一六六四)の中で、弓を手にする者は次にあげる六つの領域を知得体得すべきであるとし、これを「六品」と名付けた。

六品

第一　射術　巻藁前・的前・遠矢前・繰矢前・指矢前・修羅前(目的に適った射法・射術の理論と実際)
第二　射礼　的を射る時の礼法(的前における体配)
第三　弓法　弓矢の取り扱い法(弓具の取り扱い方)
第四　弓器　弓・矢・箙・靭などに関する知識(弓具に関する知識)
第五　弓工　弓・矢などの制作(弓具の管理や修理)
第六　四明　鳴弦・蟇目の法(弓射の深理を極め知ること)

そしておよそ百有余年を経た後、この弓射論の影響を受けた近江水口藩の平瀬光雄は、「射は観徳武用の技である。」とする論を展開し、当時の射が「射芸ノ古ニ劣リテ本意を失シ、文射ニ類スル遊戯ノ射、武射ニ似タル声名ノ射」であることを憂慮し、天明八年（一七八八）『射学要録』を著した。その中で平瀬は「五射六科ノ事」という項目を立て、弓を手にする者は次のような事柄を知得体得すべきであると主張した。

　　　　五射六科の事

　第一　射術　──　巻藁前・的前・遠矢前・差矢前・要前

　第二　射儀　──　的を射る時の礼法

　第三　弓法　──　弓矢の取り扱い法

　第四　弓器　──　各種弓具に関する知識

　第五　弓工　──　弓・矢などの制作とその利害得失について

　第六　弓道　──　鳴弦・引目・一張弓などの深理を究めること

そして右に挙げた「第一　射術」の五種の射の様態を五射と名付けた。一般に弓界ではここに挙げられている巻藁前・的前・差矢前を射形の三物、また別に巻藁前・的前を真、要前・遠矢前・繰矢前を行、差矢前・堂前を草と称し、これらを真行草の三物という場合もある。

ここに出る差矢前について平瀬は、「数多ノ矢ヲ発シ、上下前後ノ偏ナク数十歩ニ至ル事ヲ云フ。元和前後射形ニ別アリ。堂前ノ射ニ習アリ。……」（『射学要録』）といっている。

さて平瀬のいう堂前は堂射・堂射前・通し矢・矢数前・徹矢などとも呼ばれる射の一様態で、京都三十三間堂の西側外縁上の端から端までを射通す射をいう。その嚆矢は古代末期あるとされるが（これは伝説の域を出ないものと考えられる）、後代になって競技化が進むことにより術理と用具に関する研究が高まり、従来の歩射・騎射という二分野に匹敵する程の内容を有するようになっていった。このようなことから本資料集では原則として当該分野の射を“堂射”と呼ぶこととする。

確かな文献によれば、この堂射は中世末期京都で流行った遠矢前の射手たちのフトしたきっかけから始まったものであり、当初の堂射の目的は己れの弓勢を測るためのものであったと考えられる。しかし江戸時代に入り他者との通り矢数の多寡を競うような性格にその意義が変化し、これが激化することにより世間からも注目を浴びるようになっていった。そして時代が下がるにつれてこの行事が次第に大規模化し、経済的負担も容易ならないという様相を呈するようになり、当時のわが国のおかれた社会情勢や国際情勢の緊迫化と相俟って次第に衰退していったという経緯があった。

さてこの堂射は、三十三間堂の西側外縁上の制限された空間を南北に射通す射の一様態である。三十三間堂という壮大な建築物で行われるこの弓射競技の演技者は武士に限られていたとはいえ、堂射を管理運営する者は町方の役職の者や弓具職人が携わった。また観衆としては身分や職業、年齢、性別を問わず誰もが参加出来る年中行事化した一大イベントとして人々の中に浸透していったという点で、剣鑓などの上覧演武のような限られた世界を越えた官民一体の性格を帯びているという点で特異な存在であったといえよう。

堂射は速射・遠射・耐久射の条件が要求される射であり、記録向上のため射法・射術、弓具などにさまざまな工夫が凝らされ、現代の的前とは全く違う在り方が展開された。それらについては当時の関係資料を管見すると興味ある記述が散見出来よう。

本資料集は編者がこれまでに蒐集してきた近世の関係資料を翻刻したものであるが、これらを通覧すると、わが国の伝統的な技術観、すなわち技の質や内容などを主観的に評価するというアナログ的評価とは正反対の、客観的評価基準により技の結果を具体的な数量で評価するというデジタルな世界を目指したものであることが理解出来る。このことから堂射には多分に今日的な意義が見られ、運動文化史の立場からみて近代スポーツが持つさまざまな光と陰を有している運動文化であったといえよう。

今日巷に見られる堂射に関する話題や文献を管見すると、多分に誤った情報が喧伝されている場合も見受けられる。かつて天下一を夢見て挑んだ射手たちの弓射の一様態である堂射の実体を浮き彫りにする拠り所として本資料集が役立てば幸甚である。

## 凡　例

原文の翻刻にあたっては、出来るだけ原形を保持するよう努めたが、印字上の制約や読者の利便さを考え次のような諸点に配慮した。

一、句読点、中黒（・）を施し、長文のものには原文の文脈を考慮し、適宜段落（改行）を設けた。
一、漢字は新字体を使用したが、一部には旧字体とした。
一、虫喰いや汚染などで判読出来ない部分は字数分を□で示した。
一、明らかに誤字・脱字と思われるものは、適宜訂正するか、またはママと傍註した。
一、各文献の詳訳は紙数の関係上これを略し、その大意のみを各文献の冒頭に記した。
一、本資料集に掲載した文献は目次にみるような項目にしたがって分類したが、一文献の中の記述内容が多岐にわたっている場合（例えば堂射の歴史とその評価、弓具と射法・射術、稽古段階と稽古法等々）があり、いずれの項目に分類すればよいか判断に出来ない場合があった。

一、難解な用語については翻刻文の後ろに註を施したが、なお不明な用語や解釈に苦しむ記述が数多くあるので、諸賢のご教示をお願いしたい。

本資料集にあたり貴重な文献の提供を心よくご承認下さった各公私立所蔵機関に対し深く感謝申し上げます。

令和六年 十一月

入江康平

# 堂射関係資料集　中

## ―目次―

## 堂射関係資料集　上

### ― 目次 ―



## 堂射関係資料集　下

### ― 目次 ―

# 第一章　堂射の射法・射術

## 【一、膝組・腰掛け様】

**○膝の組みようは、左の足を下に右の足を上に組み、左は股より足先までぺったりと腰掛に坐り、右足は少し膝高になるように組むこと**

射形　夫今射る処の指矢前は座して射る故陰中の陽とす。或は腰を掛け膝組をして射、亦は膝真突ても射る也。膝組の仕方、先左の足を下にし右の足を上に組、左は股より足先までへったりと座に付様に組み、右は膝高なる様に組也。然ども態の功行に随ひ組替ても不レ苦。尤膝組余りしまるはあしく、又崩るゝもあしゝ。左右膝頭の不レ動様に慎むべし。

竹林吉万吉利（樋口）『芸州射芸書』人之巻　天保六年

**○足の組みようは左足を上にするのが本義であるが、左足を上にし難い者は右足を上にしても問題はない。**

一、足踏仕、両はだをぬぎ、四方之えりを帯きわにて取て打合せ、内へ三ねじねじて帯へはさみ込物也。尤足重ね様は左足を上にする事本儀と云へ共、左足上に致しがたき人は右足を上になしても不レ苦。

経武内伝『堂前指南覚秘伝之巻』年代不明

**○足の組みようは左足を上にして膝が浮かないようにしっかりと腰を据えること、また肩だめしや本番では右足を投げ出**

**して射ることもある。堂射は草射であるから、普段の稽古でさまざまな稽古をしておくことが肝要であろう。**

膝の組様は左の足を上にして膝を組て膝のうかぬやうに腰をすゆる也。肩様または当日に至ては右の足を上にも組み足をなげだしても射るなり。常に如レ此して堂形にて射てみたるがよきなり。是草射ヿ也。

福島家　大和流『射術稽古聞書』

一）草射………そうしゃ。「射術に真行草の三術あり。真と云は的前の事也。行と云は遠矢ノ事、草と云は指矢前の事也」（『大和流弓道地之巻六段第一』）

**○矢が前後（左右）に振れる時は足を組みようについて点検せよ。**

一、矢数の時分前後へ矢の行は、膝組して心得直すべし。

『芸州射芸書』人之巻

**○足の組みようは左足を内にすることはいずれの流派でも同じ教えである。当流でも割膝と足の組みようの教えは先師からの秘事とするところである。膝を左右にしっかりと割るようにすれば中胴となることを体認することが出来る。**

一、割膝ヿ之事　足組様之事は諸流共に大方相替る事無者也。左足は内、右足は外なる様に組也。当流割膝とケ様にあげたることは先師の口伝の秘事なり。成程いかにも膝を左右へ十分に割たる時は、胴は不レ云して竹の胴にそなわる所を味べし。

『指矢前紅葉之書』

一）割膝……………わりひざ。敵前で用いる射の姿勢で、左膝頭を地に付け右足を立てた姿勢をいう。「用前の足蹈なり。左を踏出し、股の付根より膝ぬしまで強くひしぎ、爪先を向へなし、右をば前の方へ踏で膝を折り、胴をばいかにも向へかゝる為に割膝といふなり」

（『射義註解』下）

**○武羅の構とは体の前に母衣を抱くような気持ちの胴造をいうが、胴造の在りようから足の組みようを知れという教えがある。足の組みようは竹林派のほこやの構え、道雪派の扇の構え、当流（印西派）では母衣の構えなど、流派によってさまざまであるが、諸流派いずれも足の組みようによって胴造の在り方がわかるという教えがある。**

武羅之構之事　他指口決もなく、只前へ母衣[一]をいだきたる構の事也。併構によって膝組を知る。膝組に依て構を知るといふ事口伝也。口伝は則竹林流は右足を敷込ぬ故に構は是非三角に成る也。是をほこやの構といふ。道雪派は中分故ゆふに扇子の構也。当流強く押込、左右とも居敷ゆへに不レ云して母衣の構となる也。諸流共に膝組にて構を知るといふ事是なり。当流は別して膝組にて構を知る事口伝なり。

『指矢前紅葉之書』

一）母衣…………ほろ。武具の一で、武装した騎馬武者が背に幅のある長い布をつけ、馬が疾走するとこの布が風に膨らみ、敵からの矢や投石を防いだ。

**○腰掛の高さに定寸はないが、およそに二寸五分~三寸五分位がよい。貴人の前では腰掛を使用しないで行射するのがわが流（印西派）のやり方である。また腰掛の掛けようにも浅深あることをよく理解することが大切である。**

　腰掛の事は其人々の左右の足を組たる高さにして何寸何歩と定寸はなし。併其射形に依て指南歟有事なれば、其定木なくては指南の便り所なき故に、二寸五分より三寸五分迄を定寸と云也。当流は左右の足を深く組て竹の胴を調て貴人等の五十百の御所望は腰掛なくしても射るといふ所が則当流の奥秘也。腰掛かけ様之事は至て浅くかけたるがよし。尤胴の立る射手は深く掛させたるも一つの伝なり。能考へ知るべし。

『指矢前紅葉之書』

**○草射における腰掛への掛けようは的前に置ける足踏と同じであるから行射にあたってまず行うべき所作であり、胴造は前後左右片寄りなく中胴とすること、また腰掛けへの掛けようも浅深によってさまざまな弊害があるという弓歌がある。**

一、腰掛様の事　是は腰掛に掛様のこと也。真の射の足踏と同意たれば、草射の第一にする所也。左右前後の斜なく、真中に掛る様にすべし。深く掛る時は腰折れて惣躰たるむ也。亦浅き時は腰動き、其上居敷痛むの損あり。扨組合たる膝の高下無之様に可ㇾ掛也。弓歌

　掛る腰深くも非ず不ㇾ浅　己が程よき中と知るべし。

　腰掛は低きに徳の有内に　高きも射手によるものぞかし。

『大和流弓道地之巻六段第一』

**○腰掛の置き所は枡形下から一尺八寸退いた所とする。**

一、当日腰懸の事　一寸八分の道理に叶ふ様に幅八寸計の蒲団能也。腰懸の置所は枡形の下壱尺八寸五分退て腰掛をさせるもの也。然し常の稽古の内狂ひあれば当日の心悪きなり。常々稽古の仕方肝要なり。

『石堂竹林流印可之秘書』日月星

**○腰掛への腰の掛け方と膝組の仕方の手順について**

指矢前射法　第一條　膝組

先指矢を射るには腰掛に腰を掛けて体の据りを定めます。其腰掛の寸法等は弓具の部にて申しませう。指矢を射ますには腰掛の半分よりは少し前の方に腰を掛けるので御座います。そうしませんで後の方まで一杯に腰を掛けますと腰の据りが宜ろしく御座いません。夫れから膝組にかゝるので御座います。膝組は的前にて申せば足踏に当ります。先づ腰掛に腰を据えて体の位置を定めましたならば此膝組みを致します。膝組みは俗に申す胡床であります。左の足は下になり右の足は上になる様に致します。そうして左の膝頭は少し下る様に組むので御座います。

『差矢前射法精義』

**○巻藁前を行うにあたって巻藁に対する射手の位置、肌脱ぎ、胸革、弽を指す手順、腰掛への腰の掛けようなどについて**

一に膝組　射込を《差矢稽古の巻わらをいふ。》一間中墨にして身通りより少し前へうけ、左右の肩をぬぎ、胸革を掛け《生質の骨法より胸革に及ばぬもあり》推手《左の手なり》勝手《右の手なり》弽をさし、腰掛の半分より前の方に腰をかけ《後一ぱいにかくれば腰のすわりわろし》、左の足を下に右の足を上にして、左の膝頭少し下るやうに組べし《肩ためしの時は左の足を上にも組み、或は投げ出しても射試おくべし》。

**○腰掛へは浅く掛けるをよしとし、左足を上にして膝が浮かないようにしっかりと腰を据えることが肝心である。また堂射は草射であるから肩だめしや堂形、本番では時宜により足の組み様は変化させてもよい。**

『新書後編射学精要』

腰掛に腰をかけるに、後一杯にかければ腰のすわり悪し。腰掛箱半分より前にかけて膝を組で左の足を上にしてしかと落付ほどの腰掛の高さよき也。膝の組様は左の足を上にしてひざを組みて、ひざのうかぬやうに腰をすゆる也。肩様、亦は当日に至ては右の足を上にも組み足をなげだしても射る也。常に此如くして堂形も射て見たるがよき也。是草射也。

『指矢前修業之巻抄』

**○夕方になって膝や腿がだるくなったら膝を少し前に出し膝下に物をいれる（支う）とよい。**

一、晩方に膝もゝがひだるく成たらば、ひざから下に物をかふべし。其時は右のひざを少いだす也。

『矢数之次第秘伝書』

**○腰掛への掛けようは左足を下に右足を上に組むが、射手により時宜によって相違する場合がある。**

一、腰掛之中央に腰を掛け、左のひざを下にして右の膝を上に組む也。左の膝頭少し下るやうに組べし。尤射手により時により替り有、口伝。

『日月星巻』

**○腰掛箱の法量は決まってはいないが、そのおよそは本文に示した通りであり、その中にさまざまな小道具を入れるように作る。たゞ浅草堂は縁鼻が下がっているので、それに対応するように作る必要がある。**

**また腰掛への掛けようは、左足を上にし、腰が浮かないように腰をしっかりと据えることが肝心で、本番では時宜に応じた在り方を考え、堂形でそのような稽古をすることが大事である。**

一、腰掛様の事　附膝組様の事

　腰掛箱の寸法定法とてなし。大概高さ壱寸四分、竪横七寸九寸にしたるがよし。そこなく桝のやうにすべし。古は箱のやうにさして中へかへづる・くすね皮(一)・手当・押手牒までも入やうにしたるに依て、箱大きく高さも二寸八分三寸四五分にもしたり。武州浅草の堂は縁鼻四寸ひくければ腰掛の後かいものをして射させれば、後ゑうちかへるやうなり。之に依て香山(二)工夫を以て腰掛を前一寸四分、後二寸二分にしたり。是を見習て前ひきく後高にする人多し。堂形を射、亦は京都の堂を射るには腰掛を前後ろくにすべし。こしかけは畳こしかけにする有。桐の木にて上になめし皮をあてたるもあり。馬せん(三)のごとく中をあけてはんや(四)を入、革にてしたるもあり。此如いしきいたまずほめかずしてよし。肩様をしてこゞみたるがよきなり。

　腰掛にこしをかけるに、後ゑ一ぱいにかければ腰のすわりあしゝ。こしかけ箱半分より前にかけて膝を組て、左の足を上にしてしかと落つくほどの腰かけの高さよき也。膝の組やうは左の足を上にしてひざを組て、膝のうかぬやうに腰をすゆるなり。肩様、亦は当日に至ては右の足を上にも組み足をなげ出しても射るなり。常に此の如くして堂形にて射て見たるがよきなり。是走射也。

『射法指南』陰巻

一）くすね皮…………薬練革、天鼠革。薬練は松脂に燈油を混ぜて煮てこれを練り合せたもので、非常に粘着力がある物質である。これを一寸六分、二寸八分位の大きさの革に塗り付け二つ折したもの。弦の中仕掛けなどを作る時に用いる。

二）香山…………大和流の祖森川香山。

三）馬せん…………馬の鞍を被う毛布。鞍被。

四）はんや…………パンヤ。パンヤノキの種子に生えている綿状の長く柔らかい毛で、保温がよく布団の芯や枕などの材に用いられる。

**○　寛永年間頃までは巻藁を射手の身通りより後ろに置いていたため、肩の受けよう、物見、反り胴、さらには弓が照るなど、さまざまな不具合が生じていたが、正保の頃以後は　巻藁を身通りに受けるようになり射形がよくなった。今日でも地方の射手は古くからの在り方を踏襲している。大和流ではさまざま研究した結果、巻藁を身通りよりも少し前にするように教えている。このようにすれば堂射で好結果が得られるであろう。**

一、　藁砧向様之事　指矢巻藁はこぐちとも筒巻藁とも、亦は射占めとも云なり。寛永二十年の頃迄の射様は藁占めを身通りより後の方に置て射さする。是は肩をせり出し弓を照し物見をなげ、事の外そりて射たる故なり。正保年中の頃より身通りにしてよしとて身通りに請て射れば、おのづからものみも少ろくになり、身もばつぐんそらずとみへたり。今も田舎にては古の様を用もあり。当流には色々せんぎをつめて、肩を並あしくては骨合ちがふ事を知、弓手の肩いで過ぎてはかゑってくじける事を知、枡形じりにてぬくる矢の後つく時に、真中を通るやうに藁砧を身通りより少前にうけて一間中墨〻にして矢道は水走矢先高に引渡して木口の真中に当をよしとするなり。此けいこつのれば堂射る時所をはづさぬ也、口伝有。

『射法指南』陰巻（『青葉巻』陰）

二）一間中墨…………いっけんなかずみ。「第一条、足蹈を定る事、一間中墨矢束の準扇の準教外別伝、沓下中墨定字の口伝」（『日置流弓目録六十ケ条』）「一間中墨といふは先づあて物より一間を我身の中墨にして射べし。」（『日置流射学』）

## 【二、弓の立て所】

**○弓の立て所は右膝より三～四寸離れた所に照り伏し等なく直に立てること**

一、弓立所は我真向より身角へ掛て膝より三四寸向なるがよし。功行に随ひ勝手に立べし。尤弓は照伏指操なく直に立べし。矢番に至って弦少し身よりへ向てよし。

『芸州射芸書』人之巻

**○弓の立て所は左膝頭の後ろ角とすること**

一、堂射様の事　まづゐんにてつくばひ弓構して弓本はづ左の膝のうしろかどへなし、其ひらいたるかまへにて引所へ心をつけて身割籠、さて手﨑《ママ》よりのびにつれてはなさるゝやうに可レ射、口伝。

『射術指南書』上

**○弓の立て所の定法とは**

弓之立所定法之事

凡弓を立ル所、由テ二人之形質ニ一而有二不同一。古への射高山は左の膝曲より手先之方有二五寸ニ一妻手を用ることを得たり。長谷は左の膝曲より前之方有二二寸ニ一。是則弓手を用ることを得たり。雖二善射ト一異変如レ是。尋常の射手其人の器量に順じ可レ用事肝要也。此に背かば不レ可レ尽ス二数量ヲ一一大事と可レ秘也。

『堂射巧』

**○弓の立て所は寛永二十年頃までは左足膝頭の後ろ角であったが、その後身通りとなり、さらに膝頭の前角に立てるように変化していった。**

弓の立所之事　付弓構　寛永二十年の頃迄は弓を膝より後に立て、身をひねりたるなり。其後身通り立たり。当流には膝のかどに弓を立つるを曲尺とするなり。

『射術稽古聞書』（『指矢前修業之巻抄』と校合）

**○大和流では弓の立て所は膝頭の前角とする。**

一、弓立所之事　ひざのまへかどにたつる也。

『弓道口伝覚書』

**○寛永二十年頃までの弓の立て所は膝頭の後ろ角辺であったため、身を捻った状態となり、弓構も窮屈であり、早く疲れ**

**ていたが、その後身通りに立てるように変化したことによって弓構も無理なく素直に行えるようになった。**

一、弓の立所之事　寛永二十年の頃迄は弓を膝より後に立て、身をひねりたるなり。其後身通り立たるなり。当流には膝の前のかどに弓を立つるを曲尺とするなり。弓構も右云如く後に遠く構て二の節ため込、肩ゑひきかけて弦をとるに依て事の外こだわりて疲るゝ事早きなり。亦とっと弓を近く構ゑてうら弭をかつぎたるも偏なり。当流には膝の前の角に弓を立て弓手の二の節をもみこまず、肩も生れ形にして腰胴顔も柔和にゆがまざるかまゑ也。

『射法指南』陰之巻　走射之術　上（『射法指南』陰巻・『指矢前修業之巻』抄』と校合）

**【三、矢の置き様・取り様】**

**〇矢の置き方は筈をあまり射手の膝の右の方に出さないように置くこと**

一、矢は右の膝に置くべし。筈の余り膝を過ぎ右へ出るはあしゝ。矢の取処は本矯より四五寸下を取てよし。

『芸州射芸書』人之巻

**【四、矢の番え様】**

**〇矢を番える位置は弦と直角をよしとする。　その一**

一、矢の掛合は正直を元とす。

『芸州射芸書』人之巻

**○矢を番える位置は弦と直角をよしとする。　その二**

一、矢の掛合陸なるがよし。（鈴木万右衛門の話）　『芸州射芸書』人之巻

**○矢を番える位置は弦と直角をよしとするが、状況に応じて少し高めにすることもある。また草臥れた時などは少し下げめにしてもよい。**

一、矢の掛は直なる吉。其内筈少し高が吉、筈下りは悪し。然れども当日など草臥ては少し筈下てもよし。（鈴木万右衛門の話）　『芸州射芸書』人之巻

**○離れの後弦の返しよう、矢の取りよう、番えようなどの動作は心静かにして正確に行うことが肝要である。堂射における諸動作は早くするものだと思い込んでいる者もいるが、慌てると手元がもつれて却って諸動作は遅くなるものである。**

一、矢番之事　離と共に台の矢を取り、弓を膝角へ持来と一ツに矢をあてがへば、かへり弦をもどす。一所に矢を左之人指にはさみ、すりかけ、番に矢をつがい、其手にてすくい上に矢を受、弦をからむべし。尤□矢取る事はすくひ取に取て番ふべき也。此所三ツ拍子と云所也。然し初めより矢番をはやくさせんとする時は、骸をもみ息合もせわしくなりて、かへりておそく成ものなれば、如ㇾ斯取扱はいたさせ、随分心静に番はすべし。日を追て早く成るものぞ。必ず初めより早く不ㇾ可ㇾ致事也。《守孝曰、初め之内は堂射は早きものと人皆思ひ居に付て心せく故に、手もつれ矢番かへって遅

く成所也。心しづかに成時必早く成也。せく事なかれ》。

『堂前指南覚秘伝之巻』

**○膝上に置かれた矢の取りようや番えよう、またその時の矢筈を番える動作は、心がせいている時はうまくいかないことがある。さらに動作を早くしようとしたり手先ばかりで手早く弓矢を扱おうとすると手元がもつれて不覚をとる。いずれにしても心の在り方が重要であるということである。**

一、筈覚之事　是専一に早く可レ覚処也。矢を押て小指にはさみ矢を押時、人さし指之腹にて筈の処をつきやる。其内に筈之ゆがみすぐを指の腹覚べし。是亦心せく時は難レ覚。心を静に持べし。早く番わんと調子不レ附、手計早くあつかわんと思ふ時は、手もつれして不覚ものぞ。只心にて番がうべき也。万事心に可レ任也。

『堂前指南覚秘伝之巻』

**○矢番えを早くするには矢筈の方を持ち、そのまゝ弦に番える動作を習得すれば思いの外早く矢番えが出来るようになる。**

一、矢番ひ早く射にには矢筈の方をとり、その侭弦へかける故に日を追て手馴、殊之外早く成ものなり。

『吉田印西派射術』

**○矢番えを早くする方法**

矢番早く射様の事

一、はづをもって番てよし。稽古の時此てつかひ可二修学一し。

**○矢の番えように、①捻掛、②引掛けの二方法があること**

第三條　懸　矢を番へますには右手の小指で羽根の所を引っ掛けて取ります。其番ひ方に二種あります。即ち捻掛と引掛けとで御座います。捻掛と申すことは筈を番ふる時に右手の大指人差指と中指の三指にて筈を捻り廻して弦に番ふので御座います。引掛とは筈を引きて掛けること、即ち弦にかゝ迄は何回でも筈を引いて試みます。

『差矢前射法精義』

『指矢之書』

**【五、胴の造り様】**

**○胴の据えようは古来と変わらない。(堂射では)安座で鞍に乗った気持ちで射ること、また草臥れた時は腰掛を横にして平あぐらに坐して射、疲れが取れたら気分を改め元の姿勢で射るようにするとよい。**

一、射形は安座したる心良し。胴のすへやう張掛様古法にしたがひ味ひ替らず。幅六寸に高さ三寸五分の腰掛を拵て、鞍に乗りたるやうに股にかひはさみ射可し。是にて草臥付たる時は、右の腰掛を横に引直し居敷し平あぐらに坐したるが良し。つかれ次第に以前のごとく居替て気を改、心のつかれをほぐしてよし。

『射勒要集』

**○(堂射では)胴は中胴とし、勝手の肘が下がらないように、また腕首を折らないようにすれば、取懸けの形は自然と平**

**付けとなる。**

一、胴つくりの事　四つの胴㈠にならぬ様にして、随分ろくに身がまへをして、馬手の臂下らぬ様に、うでくびをろくにすれば、おのづから掛口大すじかへ㈡に、ひとりひらづけ㈢になしてよし。

『竹林指矢前秘伝之書』


一）四つの胴……反・屈・懸・退の四つの胴造を指す。

二）大すじかへ……大筋違。弽の名所の一で、掛口（弦の掛かる所）が拇指の方向に対して浅い角度になること。一文字の対。

三）ひらづけ……平附。勝手を捻らないで引き込み、手甲が前に向いた状態をいう。

**○胴造は体が釣り上がったり胸が出過ぎたり、逆に落ち過ぎ、胸がすぼむのもよくない。胴造は心を臍下に納めるようにするとともに両肩や物見の在り方にも留意が肝要である。**

一、躰を釣上り、立過、或は胸出るなど障るは甚だよろしからず。亦躰落過て胸荅ても不レ宜。唯臍下にゆったりとおり合様に胴作すべし。前肩を低く下げて谷と備へ、右肩は引上て峯と備、顔持は照伏なくして余り廻り過るを嫌ふ。

**○引取から彀まで弓は若干照らし気味にするとともに、体は伏せ胴にして離れに至るようにすることが肝要である。**

一、弓を陽に手前を陰にして徳多し。弓を陽とは照して引べし、手前は伏て陰に備ふる也。（鈴木万右衛門の話）

『芸州射芸書』人之巻

**○胴造に真行草とあるが、形は安座とし胴は行の胴造をよしとする。**

一、胴に真草行　指矢は行の胴こにてかたちは安座して直にろくなる胴也。胴ふせば弓と身のさからひ、胴てればあらし。行は中の胴こなり。

『弓稽古委細』

二）行の胴…………「行の胴とはそりて射るものなり。繰矢前射るときはもろおとしそりているものなり。……」。（『日置流射学』）

二）中の胴…………進退俯仰しない胴造。

**○指矢前の胴造は的前における中の胴造と同じである。**

一、指矢前胴作之事　指矢前は常の胴作に少も異なることなし。両のひざを折敷て射る計也。去ながら引込に右の股ほがみこの間にかみを置てはさみ候やうにひきこみ申也。

『日置流弓伝註解』

二）ほがみ…………したはら。

**○寛永二十年頃までは物見も悪く反り胴で弓を照らし抜け腰で行射していたので、疲れが早く、心も臍下丹田に納まらないという状態であった。その後物見や胴造などの在りように工夫を加えたので、具合よく行射出来るようになった。**

一、腰すわり胴造顔持之事　寛永二十年の頃迄の射形はものみなけて胸にてそりて弓をもっての外にてらして、腰はぬけこしにして射たり。ぬけこしははりあい上にして草臥はやし。真の腰は心臍おさまりてはりあい下にして上かろきなり。当日のつかれに及てはねる腰もむこうこしもぬけこしも用る事もあれども、常によき道理を射たるほどよきことはなし。悪き指矢の射形は顔と身と腰と別々になるなり。指矢の胴造は根本くりやより出たれば、先はそり胴を用る。この故にくりみを嫌ひさすみを用るといへり。人も有れども道理をわきまへずして云事なり。当流には腰を真の腰の前へつめたる心に、

胴はろくにたるみなきやうに顔持は胴のなりにして

如レ此腰胴頭つくりつけたるやうに少もたるみなくこだわりなきつよきしかけあり。是を指矢しかけのつよみと云也。此格違時は達者つかず当流をまなぶ人も指矢の道理を至極せざれば他流の悪きみまねるもあり。くどきことながら指矢の大事の処なればくりかへし申にあり。腰はろくに座して腰掛の中より前にすわり、おれずつめず、きっと安楽に胴造は座してろくの胴のうちに腰胴頭弓ともにたるみなく、てりたるしかけなり。必ず胸をそり頭をなげること大きに悪き射形なり。

『射術稽古聞書』

**○指矢（堂射）は元々遠矢が発展したものなので草の胴で射るが、道雪派ではさす身で射させ、大内藏派では首をなげ胸を出すなどして射させる。また竹林派、大和流でもそれぞれに教えがある。**

一、或問曰、走の胴と云事如何。

答曰、射者の生質に依て異也。走胴ニとは指矢の胴作也。たとへば的前に衣冠を正くしたるが如し。故実の胴と云。指矢は平生躰なり。されば草の胴と云也。もと指矢は遠矢より出たればとて、十人は九人迄反胴を用る。道雪曰、指矢

はさす身を第一とす。さす身とは脇腹てびかへ脇の下の所にてさしかゝり、惣身骨肉皮息の至らぬ所もなく詰てはりこみて射て指身指矢の胴造と教る。大内藏派は首をなげ胸を張出しいさする。弓をてらす事何も同じ。竹林派には平生座する身にして腰もきつむ事なかれと教る。亦腰はくったりとぬく腰にて、胸にて反て首をなげて射る。是は草臥たるとき詰たる腰はもどる故也との了簡也。大和流にては腰はさのみつめもせずぬけこしもせず、胴胸頭は移りて照身にして夫に応じて弓もてらすなり。

『射術稽古聞書』

一、走胴…………草胴。「草の胴とはすぐなるをいふ。之れは差矢前専一に用ふる射様也。何となくすぐなるかたち草の胴　さし矢前とぞ人はいふなる」。（『日置流射学』）

**○堂射における胴造は草の胴、行の胴を用いる。**

一、胴作は草之胴、行之胴を用る。草之胴は身を直に有之侭にして勝手少し退きたるをいふ。行の胴は一通の遠矢に用る也。如何にも身をあおのきている也。ケ様に射ば不二草臥一為計也。

『吉田印西派射術』

**○草射は反り胴で射るをよしとするが、あまり反り過ぎないようにすることが大切であり、上手な射手は打起までは直胴とし、引取以後胴を反り気味に行射する。この直胴と反り胴の加減については明師（すぐれた指導者）でなければ教えることが難しい。**

一、胴造の事　胴造は先腰を能詰め、扨胴造を定む。惣て草射は反胴を用る。初学の射者あるいは矢束の短き射手は猶更反胴を吉とす。子細は伏胴は射形に□□みして陰の手前なれば矢刺悪し。然れば反胴を用ひ手前を陽に仕掛て射さすること一つの習ひ也。但余り反り過ぐる時は胸せり出し達者ならぬ物也。何程上功の射者と雖も此反り胴の心持を不レ射時は大利を得る事難レ叶。然れば巧者の射手は先胴作を正直にして引込の時身を少し反りて請合ひ、しなゑを専に射也。如レ此なければ早く労るゝ也。亦射者の生質に依り勝れて大矢数等には自ら陽の射形なれば如レ此の射手には伏胴にして矢束縮めて射さする也。一概に沙汰しがたし。明師に非ざれば是を用る事を不レ知也。弓歌に

打起すしなへに連て諸共に　引ぬる弓も反胴ぞかし
陰は屈み陽は伸ると心得て　矢束に依て胴作せよ

『大和流弓道地之巻六段第一』

**○胴造の在りよう、矢の準備について**

第二條　胴造　胴造は膝組の中央に胴を真直に据えまして背中の骨を曲らぬ様にし、下腹を張りまして少し前にかゝる様な気味にし、臍下に気を収め左の肩を少し落し、右肩を少し上る心持に致します。即左肩とは右肩とは七分三分の釣合を持つ様に致します。此胴造が出来ましたならば、弓を左膝頭の先に立てまして矢は右の膝の上に筈の処がある様にして置きます。矢は普通十本を一時に揃へて置ます。

『差矢前射法精義』

**○胴造の在りよう、膝上に置かれた矢の取りようについて**

二に胴造　膝組のまん中へ胴を直にすへ、背中の骨を真すぐにして少し前へかかり、臍下に気を収め、左の肩を七分に備へ、右の肩を少し上るこころにし、弓を左の膝頭の際にたて、矢を右の膝に置くべし。矢をつがふ時は右の手の小指にて矢を取べし。

『射学要録』

**○腰の構えには、①胴が前に掛る真の腰の構え、②直胴にして安楽な行の腰の構え、③堂射に用いる後ろに胴が反る草の構えがある。また武士の礼に法って座す時は割膝とするがこれにも真行草がある。**

第十　或人のいわく、真行草の腰あり。真の腰といふはおりつめて前へかゝり、行儀正しく肛門三分一うしろへよるなり。立前に真の腰をさだむる事は家の目録第二のケ條にあり。行の腰といふは、ろくに座してふさずてらさず心の安楽なるをいふ。肛門の真中をおす。草の腰といふは、うしろへかがむ故に肛門三分一前へよるなり。矢数には行の腰をもちゆ。武士の礼儀はわりひざなり。わりひざの時も真行草の腰あり。真の腰といふは足をふみひらき、いざらい(一)をしき、膝をわり、腰をすへたるをいふ。行の腰といふは、足の大指を三寸ひらき、いざらいをしき、腹をはり、うきたちたる胴なり。腰にてよく謡をうたふ人呂律を知るといへり。草の腰といふは片膝を自由にし、居合腰(二)などにやつしたるをいふとぞ。

『矢数精義書』

(一)　いざらい…………尻・臀の古語。
(二)　居合腰…………居合をする時、坐して片膝を立てて腰を浮かした姿勢の時の腰の在りよう。

**○胴造に反屈懸退中の五胴がある。堂射では中胴を用い、矢束が長い場合は体や弓を伏し気味にすることが大切であると教える。ある弟子の「古来より伏し胴は弱し、照る胴は強しとある。今は伏すことを教えるが、これは教えに背くのではないでしょうか？」という問いに、師は「伏す胴は離れに弱みがあるようにみえて本当は強く、反胴はその逆となるので、伏す胴をよしと教えるのである」といった。**

第十二　或人のいひしは、目録も胴に五ケのしなをたつ。其事にしたがって備へよとなり。さす胴・ひく胴・てる胴・ふす胴・ろくの胴あり。矢数には座してろくの胴をもちひ、矢束の長短によりてふしの備へあり。矢束ながくば、腰・胴・胸・頭・弓ともにふすやうに備ふる事肝要なり。稽古至りて後益あるべく、腰から胴へはふし、胸・肩・頭のてりたる備へは稽古至りて後損多し。矢束みじかくとも、ろくの胴よりてりて矢を引ますことなかれ。胴・胸・頭をろくに備へ、おのが矢束を引さだめ、はずみを出すやうに稽古する事よろしと。

或人曰、いにしへよりふすてまえをよはしと云ひ、てるてまえをつよみと云。然るを今ふすてまえを是としててるてまえを非とする事いにしえよりの教にそむかずや。

予答曰、ふすてまえは陰中の陽なり。表によはみあるゆへ、はなるゝ時強き所あり。てるてまえは陽中の陰なり。表に強みある故、放るゝ時弱き所あり。てるてまえはつよ弓に矢の弦とさからふ損あり。勝手つゝまやからねば矢所そろひがたし。

『矢数精義書』

**○寛永二十年頃までの射形は物見を投げ反り胴で、弓は照らし抜け腰であったため疲労が早く出たものである。**

一、腰すわり胴造顔持之事　寛永二十年の頃までの射形はものみなけて胸にてそりて弓をもっての外にてらして腰はぬけこしにして射たり。ぬけこしははりあい上にして草臥早し。

『射術稽古聞書』

**〇寛永二十年頃までの射は反り胴で弓を照らし腰の抜けた射であった。このような射では疲労が出るものである。堂射では（的前と同じように）腰・胴を直に構え、物見ともに素直にし、弓は照らすように引き込む。胸や物見を反らせないことが肝要である。**

一、腰の居り胴造顔持之事　寛永廿年之頃迄の射形は、物見なげて胸にて反て弓をも以ての外に照して、腰はぬけ腰にして射たり。ぬけ腰は張合上にして草臥早し。真の腰は心臍に納りてはり合下にして上軽き也。当日のつかれに及ではあ捻る腰も向ふ腰もぬけごしも用る事もあれども、常に能道理を射たる程よき事はなし。悪き指矢の射形は顔と頭と身と腰と別々になる也。指矢の胴造は根本くり矢より出たれば、先は反胴を用る。此故にくるみ(一)を嫌ひ、さす身(二)を用ると云へる人もあれども、道理を弁へずして云こと也。当流には腰は真の腰の前へ詰たる心に、胴は直にたるみなきやうに、顔持は胴の形にして(図あり)此如くに腰胴頭造り付たる様に少しもたるみなく、こだわりなき強きしかけ也。是を指矢強みの仕掛と云也。此格違ふ時は達者つかず、当流を学ぶ人も指矢の道理を至極せざれば、他流の悪きを見真似るも有り。くどき事ながら指矢の大事の処なればくり返しくり返し申すなり。腰は直に座して腰掛之中より前にすわり、折腰、胴、頭、弓共にたるみなく照たるしかけ也。必胸を反り頭をなげる事大に悪き射形也。

『指矢前修業之巻抄』

一）くるみ…………くる身。両足を揃え、勝手の脇腹へ引き立てるようにして物見を引き締め胴を陸に定める位のこと。
二）さす身…………指身、差身。要前の射の一で、弓手を上げ退胴とし、高い狙い物を射る時の射をいう。

**○腰の構え・胴造・物見等は直をよしとするが、指矢前は遠矢から出たものであるから、若干反り胴がよい。**

一、腰の居胴造顔持之事　こしをつめて腹をはり、胸のせらぬ様に顔も真直に、矢枕一）をする様に一躰をすこし反りて射る也。さし矢は遠矢より出たるものなれば、そりているなり。腰ぬけ胸出顔そるはあしゝ。

『弓道口伝覚書』

一）矢枕…………矢を引き込んだ際、押手の拇指の矢が乗った関節部

**○堂射の胴造は膝組の真中に胴を直に据え、少し前掛りとなり、（矢番えの後）勝手へ六分押手へ四分の気持ちで一拍子に引き取り、体の中央を割り込むように離すことが肝要である。**

胴作之事

一、胴作は膝組の真中へ胴を直に居、少し前へかゝり尻を後ろへ突出し、臍下を張り、左右の肩をろくにして前肩を少し下げ、勝手の肩を高く構へ、弓をひざの角に立弓構をす。爰に別の弓懐掛けの弦道合尾の秘伝之有り。一拍子に引取べし。打起しの味ひ其の中にこもる。勝手高く引く可きは山形一）鳳眼等口伝あり。扨弓の真中に身を割込、胸よりひらく心持肝要也。勝手へ六分押手へ四分の心得専一也。引収めては八方詰二）重延肘力三）次骨上重四）剛々正直五）剛無理六）沙流七）等の秘極有、口伝。

『日月星巻』(『射法指南　陰巻』と校合)

一)山形…………右足を左足へ蹈み違え、高い所や遠い所を射る時の足蹈の一。

二)八方詰…………はっぽうづめ。五部の詰(臂力の詰・右肩の詰・胸の詰・左肩の詰・弓手の拳)に足・腰・腹を加えたもの。すなわち伸合に至って四方八方に隙間なく力が行きわたっていることをいう。

三)肘力…………ちゅうりき。体前に打起した後、弓手を的方向に押し廻し、これにしたがって勝手は弦に引かれるまゝに前腕のみを的方向に送り、右肘で弓手に対応するような形を取る動作及びその形。武射々法における打起にほゞ似た形。

四)上重…………うわかさね。下重(足裏から膝まで)、中重(股から細腰まで)をしっかりとさせた上に確固たる胴を重ねること。

五)剛々正直…………ごうごうしょうじき。「すなほにして限もなく強かれと云義也。邪に強きは力みと云て大きに悪き事也。嫌ふべし。正直に叶ひたる上はつよきにあかずといへり」。(『本書』第五巻)

六)剛無理…………ごうむり。剛き事に理なしの意。弓は強きを専一にせよとの事。「此無理と云は、非義といふ心の無理といふにてはあらず。非義のつよみはりきみと云て反りて弱味と成也。此剛無理と云は、誠の強みをさしていへる也」。(『本書』第四巻)

七)沙流…………ゆりながし。「浅き器に水を入れてこぼれざるやうに持つに喩て云へる事也。一方へ一時にこぼす事を離の滞なき事に譬へて沙流とは云ふなり」。(『射法輯要』)

**○走の胴とは指矢前の時の胴造をいう。即ち指矢前は畏まった的前の時のような真の胴ではなく、通常の体構えの在り方であるから草の胴といゝ、殆どの射手は反胴を用いている。また道雪は指矢前は指す身がよいと教える。また大内藏派、印西派、竹林派、大和流では胴造、物見、弓の照り伏しなどにそれぞれの教えがある。**

一、或問、走の胴と云事如何。答曰、射者の生質に依て異なり。走の胴とは指矢の胴作也。たとへば的前は衣冠を正しくしたるがごとし。故に真の胴と云。指矢は平生躰なり。されば草の胴と云。元指矢は遠矢より出たればとて、十人は九人迄反胴を用る。道雪曰、指矢は指身(一)を第一とす。さす身とはわき腹をひかい脇の下の所にてさしかゝり、惣身骨肉皮息の至らずと云所もなく詰てはりこみて射るをさしみ指矢の胴造と教る。大内藏派には首をなげ反胴にして射さする。印西派には首をなげ胸をはり出し射さする。弓をてらす事何も同。竹林派には平生座する身にして腰も胴もきつむことなかれと教る。亦腰はくったりとぬけ腰にして胸に反りて首をなげて射る。是は草臥たる時、詰たる腰はもどる故なりとの了簡なり。大和流には腰はさのみつめもせず、胴胸頭ゑうつりて照身にして、それに応じて弓もてらす也。

『射法指南』陽巻　射術草の部（『紅葉巻』と校合）

一）指身………さすみ。「是は一町の外にかゝり二町の内外にかゝりて射時、身を伏せて弓をも金に合ていかにも手前ひくに射出せば、矢先のし有て矢業する、つくばひても立ても同じ事也」。（『日置流身なりかひなり生れつき能射手に教の条々』）

**○寛永二十年頃までの射様は物見を投げ胸は反り、弓を照らし抜け腰で射ていたが、このような射では疲れが早く出る。指矢は繰矢から出たもので、さまざまな腰の構え、胴造、物見がみられるが、要は胴を直にして安楽に坐し、腰・胴・物見も素直に構え、弓を照らし気味にして引き込み、離れに至ることを心懸けることである。**

一、腰のすわり胴造顔持の事　寛永二十年の頃迄の射やうは、物見なげて胸にて反りて弓を以の外に照して、腰はぬけ腰にして射たり。ぬけ腰ははり合上にして草臥はやし。真の腰は心ほぞ(一)に納りてはり合下にして上かろきなり。当日の疲れに及てはひねる腰(二)も向腰(三)もぬけ腰も用る事あれども、常に能き道理を射つけたるほどよきことはなし。悪き指矢の射形は、顔と身と腰と別々になるなり。指矢の胴造は根本くり矢より出たれば、まづは反胴を用る。この故にくり胴を嫌ひ、さす身を用ると云人もあれども道理を不レ弁して云事なり。当流には腰は真の腰の前ゑつめたる心に、胴はろくにたるみなきやうに、顔持は胴の形にして（図あり）如レ是に腰胴顔つくり付たるやうに、少もたるみなくこだわりなき強きしかけなり。是を指矢つよみの仕掛なり。此の構（一本には格ともあり）違ふ時は、達者つかず当流をまなぶ人も指矢の道理をしごくせざれば他流のあしきを見、まねるもあり。くどきことながら指矢の大事の所なればくりかへしくりかへし申なり。腰はろくに座して腰かけの中より前にすわり、おれずつめすぎず安楽に胴造りは座してろくの胴のうちに腰胴顔弓ともにたるみなく照たるしかけなり。必胸を反り顔をなげること大に悪き射形也。

『射法指南』陰巻　走射之術（『走射青葉目録』石崎長久文書と校合）

一）ほぞ……………臍。
二）ひねる腰…………的に向って右（時計方向）に向くような腰の構え。
三）向腰…………的に向って腰が開くように向く腰の構え。

○ある弟子が、葛西薗右衛門の胴造を見ると的前のような中胴（直ぐなる胴）で、矢番え始めさまざまな所作は落ち付いていて力まず、しかも素早く、離れも素晴らしかった。しかし引くべき矢束を縮めて引き込みしかるべき矢束に伸合ながら離すので早く疲れたというが、このあたりについて如何でしょうか、という質問をした。

　これに対し師は、矢束が十分に取れる射手はあえて反胴にして矢束をとろうとする必要はない、世間の指導者は古い慣わしに捉われてそれを守ろうとする。薗右衛門と吉見台右衛門の射を比べてみると、台右衛門は先人の教えに拘らず己れの信じた（理に適った）やり方で行射し好記録を出した。台右衛門は堂射史始まって以来の名人といえよう、と答えたという。

一、問曰、葛西薗右衛門手前を見るに、差矢前の胴造にあらず、的前の如し。弓なり身なり相応に伏して、矢番ひ手妻静にゆとりなく、弦の取り、ゆうにして勝手へ付事早く、勝手にて張合放るゝに掛口少も力まず、無類の放れなり。然れども三尺の矢束を一寸五分つゞめ射さするに依て肩めり肩に侍る。当日に至て肩よりつぶれ侍る也、如何。

答曰、我薗右衛門の射形を見て吉見台右衛門(一)古今の上手と思ふ也。指矢に反胴を用るは矢束も引んが為なり。矢束三尺引て何の不足有て反胴を用ん。矢束一寸五分つゞめて放れて一寸五分の延あり。故に肩を捨て胴を伏たり。世の弓の師は舟を割て剣を求む(二)。台右衛門は全く人の涎をなめず。我道理の明なる処を違へず、指矢前初り、終にこれなき名人也。

『矢数師資問答』（宮城県立図書館斎藤報恩会本と校合）

一）吉見台右衛門……吉見喜太郎、順正。尾州竹林派尾林与次右衛門に師事し、明暦二年六、三四三本（惣九、七六九射）を通し射越を称した。

二）舟を割て剣を求む……舟に刻みて剣を求む。時勢がすすんでいることを知らず、古い考えや習慣をかたくなに守ろうとする愚かしさの意。

○浅岡平兵衛時代の堂射は指矢前の射法で行っていたが、その後腰掛に腰を掛け指矢前射法で調子を取った矢むらのない射法となった。この調子拍子を三ツ拍子という。これは小左近が工夫した射方で、他流でもこれを採り入れた。また紀州

**では懸り胴で射ることは堂射では不利だということで、中胴（直胴）で射るようになった。この射方を紀州堂前という。**

一、浅岡時代は堂前とて射様外になくして指矢手前を以射る。腰掛に腰を懸、右足にかい物をいたし指矢の如とす。然れ共後々は骸之骨折を覚て延不レ上して引立なりに□り□し候様に射させ、調子を取て矢むらなきやう射さす。此調子拍子を三ツ拍子（二）と云。《弰拍子矢番拍子からみ拍子三ツなり》を取りて射さす。是小左近之時代之射方也。他流多く用レ之。於二南紀一は予初て懸り射るに損多き事を存レ考て、すぐ身と成して堂前射形とす。依て近年すぐ身にて射るを紀州堂前と云。

『堂前指南覚秘伝之巻』

（二）三ツ拍子………一般的には①弓構から打起の間、打起から引き込みの間、引込から手持の間の三つ、②押手、勝手、離れの三つ、③弦音、矢音、弓倒しの三つをいう。

**○矢が低く出る場合は押手を上げるのではなく、胸を張り出し溝落ちを窪ませないようにするとよい。**

一、指矢射時矢のひきく出る時は、押手にて上げ候事はならぬ物也。其時は胸を張出し、溝落のかゞまぬ様にと申物也、秘事也。（鈴木万右衛門の話）

**○矢が前後（左右）に出る時は、押手や勝手を直すのではなく、腰を捻ることによって直すこと**

一、身ひねりといふ事　矢の前後へ出す時、押手勝手離れなどと直しては中々難レ射に付、腰にてひねる事也。（鈴木万右衛門の話）

『芸州射芸書』人之巻

**○保元の乱後三十三間堂で指矢が行われたという伝えがあるが、元和前後で指矢前の在り方は変化した。この三十三間堂で継縁を射たのは山口軍兵衛という射手を嚆矢とするが、その後浅岡平兵衛が御堂の軒下を射通して以降、伴道雪や吉田小左近・吉田大蔵などが射法射術、用具に改良を加えたためその在り方が大きく変化した。**

一、或問曰、指矢古今別有とは如何。

答曰く、元和以来の射法と異なり、その習多。上古指矢とは矢強くさしつめて射るを以て指矢と云。保元の頃指矢三町といわれし人有。三十三間堂に而縁継(一)を射る事松平三州公の家臣山口軍兵衛射初たり。松平野州公の家臣浅岡平兵衛通矢五拾壱本射たりしより始る。其後前の矢数ひたもの射越てより多く射のぼせたり。其時の射形今の的前の踞いるごとく片膝立ているなり。弓手を高く上、胴をかゝりて射るなり。依レ之縁先にてかゝる矢多し。此射様は悪きとて反胴にして放れを大きに切て射たり。然共草臥て数を射る事ならず。伴喜左衛門工夫にて腰掛をしてよからむとて床几のごとくして腰をかけたり。然共弓の手下つかゆれば手下を切たり。うわかぶきにてあしければとて本末を切つめたり。糟谷左近工夫にて押手さすことをす。吉田大蔵筒決拾と云事を工夫す。是は銅にて大指の形をしてぬいくるむ。小口巻藁を芝射する事、継矢をする事、羽根中巻(二)など皆以て大内藏工夫なり。是を中古の射形と元和以来の射形かわるとは云なり。

『射法指南』陽之巻『紅葉巻』)

一）縁継…………継縁。つぎえん。三十三間堂の西側外縁を北や南、さらには南北に継ぎ、その間を射通すこと。

二）羽根中巻…………はなかまき。指矢の名所の一で、羽中の所を平苧で巻き漆塗りしたところで、破損防止を目的とした。

## 【六、取懸け様】

**○弓構は押手の肩を谷とし勝手の肩を峯として矢と一線になるように構える。取懸は浅深なく筈に当らないようにし番えた矢をせき上げるが、その時人差し指は少し緩め、筈に添えるようにし、中指薬指でふうし（拇指のことか？）を押さえる。取懸は恵休善力の心持にすることが肝要である。また拇指が折れ過ぎては痛みがでるので勝手弽の作りようは重要である。**

一、取掛　前肩を谷とし二の節折かゞめ、勝手は肩を峯とし、肱高矢と一文字なるべし。掛口不レ深不レ浅筈に添、亦筈に不レ当掛口〆能大指の元にて弦をせき、人指は少し緩て、筈に副、中指薬の二指を以ふうしを押。尤恵休善力ニ専に心掛べし。大指折過れば当出て痛事有。尤弽の制作大事可レ有也。

『芸州射芸書』人之巻

二）恵休善力…………えきゅうぜんりき。勝手の指の名称。三つ弽の場合は恵―拇指、休―人差し指、善力―中指。四つ弽の場合は中指―善、薬指―力とし、取懸におけるそれぞれの指の働きを表現している。

**○取懸における母指根への弦の掛けようは平付け気味にし、一文字でなく大筋違になるように掛けること**

一、勝手は随分附高く弽少しひらむ方よろし。弦道は大筋違ニの方よろし。一文字ニはあしゝ。

『芸州射芸書』人之巻

一）大筋違…………おおすじかい。弽の掛口の一で、帽子の方向に対して弦道が筋違よりさらに斜めの状態になったもの、またその取懸け法。堂射専用の四つ弽では勝手の甲がひらむような取懸け法となる。一文字の対。

二）一文字…………弽の掛口の一で、帽子の方向に対して弦道が直角になったもの、またその取懸け法。この取懸け法は的前専用の三つ弽で用いられる。

**○取懸け法は浅すぎず深過ぎず、適度な深さの取懸けがよい。**

一、掛口に三段有。深き一）は矢障り浅きは矢弱し、中よし。（鈴木万右衛門の話）

『芸州射芸書』人之巻

一）深き…………深掛のこと。弦の掛け方の一種で、拇指の根の方へ深く弦を取り込む掛け方。この方法は敵前などで大根など矢先の重い矢を使う時に用いられる取懸け法である。

**○取懸けは番えた矢をあまり拇指根深く強く取り込まず、拇指の先を薬指で押さえるようにし、人差し指の第一第二関節の間辺で保つようにすること**

一、弦からみの事　矢を随分と浅くからみ、弦を和らかにからむべし。帽子先を薬指之先之節にて押へるやうにして人さしの一二之節間にてかゝゆべき也。

『堂前指南覚秘伝之巻』

**○取懸けは弦をしっかりと大筋違に当て、他の三指にはあまり力を入れずして腕首は直になるようにすること**

第三　懸　………弓に矢を番ひましたならば其の筈の下に勝手の大指をば筈に触れぬ様に筋違ひ深く当てまして大指の根に充分力を用ひ、夫れより薬指中指人差指と指先を軽く大指に懸けるので御座います。特に腕首を真直に致しましたなれば、懸口は自然と大筋違ひになるので御座ます。

『差矢前射法精義』

**○四つ弽の取懸けは、(大筋違に弦に当て)中指薬指を拇指頭に掛け、人差し指は矢に添えるように取懸けるをよしとする。**

三に懸　ゆみに矢をつがひ、其矢筈の下へ大指を一文字にあて、中指を大指の頭にかけ、食指はそと添たる計にて大指の中のふしともとのふしとの真中にて弦をせくやうにかくべし。四ツかけにては無名指中指を大指にかけ、食指はそと添たる迄にすべし。

『射法新書』

**○四つ弽の取懸けはしっかりと弦を筋違に深く当て、中指薬指人差し指を拇指頭に掛ければ自然と大筋違の取懸けとなる。**

三　懸　弓に矢をつがひ、其矢筈の下へかっての大指を筈にさはらぬやうに筋違下りに深くあて、大指の根に力を用ひ、無名指より中指食指と指先を軽く大指をかくべし。腕首を直にすれば、懸口おのづから大筋違になるものなり。

『新書後編射学精要』

○一文字の取懸けは離れに際し濁りや矢色が出てよくない。取懸けに当っては筋違にして人差し指中指薬指をしっかりと拇指に当て、離れにあたっては平附気味にしながら離すようにするとよい。人差し指中指薬指の三指に強弱があれば手指に障害が出たり矢枕が落ちたりして問題が多い。要するに人差し指中指薬指の三指が相応の働きをすれば円滑な離れが出来るようになるものである。

また取懸けの手指の微妙な力の使いようは離れに大きな影響がある。したがって取懸け法の工夫とその稽古はいうまでもないが、弽師と弽の作りようについてしっかりと話し合い、工夫改良するようにすることも重要なことであるといえよう。

第五十四　或人のいひしは、かけくち一文字、はなれぎはに弦をゆるがし、はなれにごりて矢色こもよろしからず。かけくちはすじかひにてうへゝかゝり、人指ゆびより一二三とむすびてつよくしめてひっとるとき、筈にあたりて引うけ、つけぎは五分一寸の前にひらづけにねぢなおし、一と引あふ時、押手にて二とおしきるなり。これをむすびてほどくかけともいへり。人さしゆびのみなやむ。無名指くらさきへむすぶときは、二ケの指あそびて無名指のみなやむゆへに、数々におよびぬれば、指いたみ、まめいでき、あたら矢数の半途にしてしまひたるためしおほし。人さし指と中指とつよく引て、無名指すこし引わくるはくるしからず。無名指つよく引はきはめてあしゝ。人さしゆびより一二三とむすびて引時は、三ケのゆび相応のもちあひなるゆへになにの害もなく、しかもはなれごゝちよきものなり。

然るに矢かたまり又は矢枕するとて、人さし指をゆるくして射る事はあやまりなり。矢のたまる時は、かけくちのくひこみをなほし、又ひらづけに引ほどきてなほし、又引なまる所をなおし、はづのくはゆる所をあらため、もたれる所をみくばりて詮議すべし。かけくちのくひあふ時は、うでをあげてむすぶに損あり。ひぢをあげてむすぶに益あり。一二三のむすびもかたければ損あり。やはらかなるに利あり。引よい弽ははなれあしく、引にくき弽ははなれごゝちよきものなり。押手の難は唯力身一すじの用捨あり。

勝手の難はさまざまの事おほし。わづかのあひしらひによりて一毛太山を隔べし。矢はづわづかの内にても、弦のわかれに上をうつ矢は下をくゝり、下をうつ矢は上にかゝり、筈の左をうつ矢はますがたにあたり、筈の右をうつ矢は外ぬけとなる。弓矢はおほわざの武器なれども、細なる事又かくの如し。中ぜき(二)はほそからずふとからず、くひつやうなるがよし。又引みちたる時、弦のいづるをばこのむ事なり。一二三のむすびをかたくしめず、やはらかにといふはこのためなり。弦の出るゆへに、はなれによこしまなし。弽の善悪にて矢のすゝむとすゝまざると格別の相違あるものなり。弽師とよく勘弁詮議すべし。

ぬけ出る弽といふは、吉捷が工夫にて出来たり。引みつる時は大指半分ぬけいでゝはなるゝと、又もとへもどる弽なり。此弽にて指矢をいけることはりを考へば、むすびをつよくきめるも、つよくはなすも、ひきすぐるも力身なれば、矢にあたる事おほし。堂の内あらくして所を射る事かたし。是皆勝手のわざなり。勝手をひらづけになおすといふは、かけくちに弦を一ぱいにくひあひて、引つけになおす時、下のかた七分はづれて、上のかた三分にてはなるゝ。此はなれには色もなく香もなし。其矢は前ばりにのすなり。此ことはりを会得せば、常の稽古に射そろへても、五千六千の理を得る所なり。

『矢数精義書』

一）矢色…………やいろ。放った矢が上下左右に振れ、矢飛が濁り素直に飛翔しない状態。

二）中ぜき…………中仕掛け。「矢筈弦に当て、切れやすき所なるに依て切るを関留めるの儀を以て関と云也。上下の仕掛けの間にあるを以て中関と云也」。（『大和流弓道天之巻一段第三』）

**○四つ弽の取懸け方は堂射において重要な技術である。堂射では細い矢を使うので、箆撓いが出ないように取懸けを番えた矢よりもに三分も下にする射手がいる。また四つ弽は捻り過ぎると箆撓いが出易いし、平附過ぎると矢こぼれが起きる。高山八右衛門はこれを嫌って三つ弽を使用したという。大和流では四つ弽の取懸け法にこの技について会筈当弦（えかっとうげん）という教えがある。**

一、掛口之事　掛口之儀は指矢射形の大事也。細き矢なればたむるをいやがり、人指ゆびより筈を二三分上にかけて射るもあり。始は矢こぼれすれどもひたもの射れば、後には矢こぼれせざれども矢弱し。筈をとり込めば矢強けれどもたむるによって矢いれる。依レ之人指ゆびをはづしのばして弦を彎取る人も有。如レ此射ては四つ掛にしたる詮なし。高山八右衛門は矢をたむるをいやがりて三つ掛にて射たり。亦指矢の掛口は落しかけがよきとて腕口をまげて平付すぐるも有。皆以て指矢の掛口大事を不レ知ゆへ也。当流には矢をためさすると云ことなし。会筈当弦と云習あり。

『射法指南』陰巻（『青葉巻』）（『射術稽古聞書』・大和流『指矢前修業巻抄』と校合）

## 【七、手の内の作り様】

**○手の内の作り方は、弓を一文字に中筋に当て握れば、引くにしたがって鱗形となり、離れに際し（弓を推し捻じるように）押手拇指を効かせれば、自然と心身一体の離れとなるものである。**

一、手の内の事　弓を一文字に中筋にとれば、引にしたがひ、内山なりになをるにより、すなはちうろこがた二になる也。わかるゝ時におや指をきかせおしこめば、おのづから身ともに一体に成なり。

『竹林指矢前秘伝之書』

一）うろこがた…………鱗形。「是は弓の内角を大指の付け根のすみへ押あて、すみからすみへ押す如くおしかけて射る也。是は悪き手の内なれども脈所打射手、又弓返し早くさせたき人に射さすれば、弓返しなる也」。（『道雪派指南聞書』）小指から大指までしっぱりと弓に密着した様子が鱗のようであることから出たもの。

**○手の内の善悪は矢飛びに影響があり射癖が出る。手の内を作る際の人差し指や大指や手首の在り様、伸合における心持、離れの方向などには十分留意することが肝要である。**

一、手の裏鈍ければ矢飛悪く当り病も出る也。人指は随分刎てよし。大指は随分強く延て弓におされぬ心持大事也。手の裏の深きはよろしからず。手首の反は悪し。余り大指の根へ押とて心得違て有時は弱みなり。二の節もひかへ、手首も少し屈する程なるが離れに至り自然と強み有。亦強みに中筋と云ふ事有。兎角自然に押手の強みを射る事也。拳刎すべからず。押手後へ開くはあしゝ。唯向へ押延る也。随分附高く碟少しひらむ方よろし。

『芸州射芸書』人之巻

**○握革に天鼠を引くことにより手の内の働きを助け疲労を少なくする効用があるが、付け過ぎないようにすることが肝要である。**

一、堂前にて握皮に天鼠を引事　手の裏の力を助て、矢筋へ押の能踏強く数になりては草臥を助る也。しかし多付はあ

しゝ。尤天鼠引取弓の握皮外竹のかどへ引べし。（鈴木万右衛門の話）

『芸州射芸書』人之巻

**○手の内を作るにあたっては小指をしっかりとしめ、拇指を除く三指は軽く握ることが重要であり、幼子が何心なく物に取り付くようにして手首をしっかりと強くして行射するをよしとする。**

手の裏之事　呼立（一）を用。小指先を〆め、小指の根にてしかと弓をかゝゆ。惣指かるく取なり。何心なき手裏也。生し子之取付立之時、物をとらゆる手之裏也。脉所（二）を強くして手先はかるかるべし。

『堂前指南覚秘伝之巻』

（一）呼立…………あゝたったり。極意の手の内で、おっとりの手の内、傘の手の内に同意。「手の内に何事もなくすなほにして無心なり。たとへば、乳子の立ち上らんとする時に物に取りつきて立ち上がる其時の手の内は無心にして少しも邪なし」。（『本書』第一巻）

（二）脉所…………手首の部分。

**○手の内は指矢前（堂射）においては重要である。手の内にはおっとりの手の内とかのぼりこぼしなどの教えがある。大和流では弓に対し脈所を一文字に受けて行射するので、どれ程射ても手の内が痛むということはない。**

一、手の内之事　手の内は指矢の大事なり。しかるをおっとりの手の内（一）とてひつかんで射もあり、すかし射の手の内とて射付てのぼりこぶし（二）なるも有。或は手首うしろへ押廻すも有。皆是大きに悪き手の内なり。当流には初より一文字の手の内（三）とらする也。此手の内の甲に少もたるみなく腕首の前へおりこむやうにとらずんば中々始はいぬくけれども、後には腕首ろくになりて皮肉一向の張四）と云の大事に至るなり。ここに至ればなにほどいても手を痛むと云事はなき事也。

『射術稽古聞書』（『指矢前修業之巻抄』と校合）

一）おっとりの手の内………「おっとりは手の内深からず浅からず、上を押し過ぎず居付かず、強からず弱からず只押とりたるまゝの天性自然の手の内を云」。（『大和流小的全鑑』）

二）のぼりこぶし………登拳。上押しを掛けない手の内で、居付く手の内。

三）一文字の手の内………取懸けの際弦に対して帽子が直角になるように掛けること。「懸の大指と弦と十文字に合所一文字也。掛形捻ざる形也」。（『射法輯要』）「一文字といふは懸の大指を曲めず一文字にして懸べし」。（『本書』）

四）皮肉一向の張………ひにくいっこうのはり。押手の皮肉骨を一枚のものとして一向に推張ること。皮肉骨とは、細太、強弱、柔剛、硬軟など射手と弓との組み合せや釣合いのことをいう。

**○拇指と人差し指の間の皮（厚々の皮）を弓に巻き込むように当て、天紋筋を弓の外角に当て、小指・薬指・中指の順に爪先を揃えるようにしっかりと弓を握るようにする。また人差し指の曲伸は射手に任せる。**

四に手の裏　弓の内竹の中墨を大指の根にあて、中指は大指の根際にそへ、大指の腹にてそとおさへ、無名指と小指にて弓を握れば、三指の骨と小うでの骨とはかねにあたるべし。食指の屈伸はこころに任すべし。

『射学要録』

證書　鵜首一）　鸞中二）　三毒三）　骨法四）　呼立五）　吾加六）

一）鵜首………うのくび。手の内の教えの一。「鵜の首と云手の内は、上筋をおしかけたる手の内也。」（『本書』）「上甲を強くしめかけたる手の内にして少し腕首下へ折る心あるを云」。（『大和流小的全鑑』）

二）鸞中………らんちゅう。卵中。手の内の教えの一。「鸞中は卵なり。鳥の卵の事なり。是を卵の手の裏と云ふ。諸鳥の卵を強く握れば潰るなり、緩き時は落る。潰さず不落の味ひなり」。（『本書』）

三）三毒………さんどく。手の内の教えの一。「小指とくすし指の二指をしめかけ、大指の根にておしかけたる手の内也」。（『本書』）

四）骨法………こっぽう。手の内の教えの一。「弓を小指よりしめあぐる心とあり。是を紅葉重と云は、手をかへでと云によりて也。指をまばらになく重ねつめて取る手の内なれば、紅葉重と名付けたり」。（『自他師弟問答』）要するに印西派にいう紅葉重の手の内を竹林派では骨法という。

五）呼立………極意の手の内で、おっとりの手の内、傘の手の内に同意。「手の内に何事もなくすなほにして無心なり。たとへば乳子の立ち上らんとする時に物に取りつきて立ち上がる其時の手の内は無心にして少しも邪なし」。（『本書』第一巻）

六）吾加………ごか。「五ケは鵜首・鸞中・三毒・骨法・呼立の五つを五ケの手の内といふ。吾加とは我力を加ゆると云心にて、何れの手の内にも皆我力を加へて腕口にて押掛たる心なくしては叶ふ間敷事也」。（『本書』第一巻）

**○鸞中・鵜首・三毒・骨法・呼立は手の内を作るに当っての五つの教えという。堂射は数多の矢を発するので、行射中に手の内に障害が出ないようにすることが肝要である。したがって取懸けに際しては惣まくりの手の内がよい。**

手の裏の事

一、手裏は鸞中鵜首三毒骨法呼立り、此五つを五ケと云。いづれの手裏にも右を加る心持一大事也。堂射は数千の矢を放て破れ損せざるを肝要とす。故に取掛けに少し替り有て惣まくり（二）の手裏を用ゆ。口伝あれば口授に残す。

『日月星巻』

二）惣まくり………何気なく弓を握った時の手の内で、前後上下に片寄らない自然の手の内をいう。また手の内を四方より一所にまくりつめる手の内や射返さぬ手の内という意もある。

**○手の内は射術の中でも最も難しい。特に堂射は一昼夜射続けるものなので、手の内の在りようは先達の教えとは別に、手の内が痛まない手の内をを第一とする。堂射では矢数を主眼とするからである。また堂射は肩根が重要であり、そのためには手の内が重要となるのである。**

第四十六　或人いはく、手のうちは第一むつかしき備なれば、いにしへより伝記にふかく口決多し。紅葉がさね（二）といひ、大切三分一（二）といひ、猿のこどりといひ、家々の伝授あさからざる事むべなり。夫矢数の手のうちを考ふるに、外に拵ゆるにあらず、古人の伝へを用ゆるにあらず。ゆへいかんとなれば、一日一夜つめての勝負なれば、手のうちの痛まぬをもて専要とす。矢数の不幸は手のうちよりおこり、とほりのとまるは肩根にあり。然れば難をしのぎて度々つとめたらん人の心には、手の内の一とほりあるべしとぞ。

『矢数精義書』

二）紅葉がさね………もみじがさね。弓の前竹右七分、左三分の所に拇指と人差し指の股（厚々の皮）を当て弓を少し押し開くようにして、天紋筋を左外にきっちりと当て、小指を拇指に寄せるようにして弓を握り、薬指中指を拇指と小指の間に爪先を揃えるようにして握る手の内をいう。

二）大切三分一………おおきりさんぶいち。「是は矢束を三つに分けて二つ分を弓手へ取る、是を大切と云ふ。大切とは大半といふが如し。残る一分を勝手へ取る。是を三分一と云ふ。其押手へ二つと云は、弓構の内押手へ一つ打起して押手へ一つ、合せて二つ也。残り一つを彎込む時勝手へ当分に彎き分るなり。是にて左右等分の曲尺に当る也」。（『大和流小的全鑑』）

**○手の内の作りようは、拇指と人差し指の股の正中に弓の前角を当て、残りの三指を揃えるようにしっかりと握り、拇指の関節を反らすようにする。また脈所は上押し、下押し、入り過ぎ、控え過ぎにならないよう注意し、中押しとなることが大切である。**

第四十七　或人いひしは、手のうちの備へは大豆指の根と筋と、食指の根と筋との正中に弓の前竹をあて、四ケの指のとほりに弓をろくに握り、大豆指の根に勢をふくめ、指さきを角へさげめにおしこみ、大豆指の中の節をかゞめず、指さきをそらすべし。手のうちあさからずふかからず、上筋をおさず下筋にあたらずといゝへるもよし。

『矢数精義書』

**○押手の脈所（手首）の在り様に、上押し過ぎ、下押し過ぎ、入り過ぎ、控え過ぎ、堅く握り過ぎの五種あるが、それぞれに問題がある。手首は上・下、深浅なく中押しの状態をよしとする。特に堂射では多くの矢を射るので、手首の在り様が正しくなければ数多の矢を射ることが出来ない上、行射中にさまざまな障害が起きる。**

第四十八　或人のいはく、手のうちに五ケの患へあり。一ケに、上筋を押す手前はやがて小指無中指にあたるゆへにまめいでき、あるひはしびれておしつめられず、手の内かわる。其時矢のはりよはくなりぬ。二ケに、手のうち浅く前おし出す射手は、弓のまはりさどく、手のうちはづむゆへに、弓かへりに手のうちをうつことあり。当分をほぐすといふとも、終に手の内くたびれ、大豆指の根だるくなりて、後いたみいづるゆへに、おしとる力なく、おのづから手のうちをとりなおす事ありと雖も、其より矢の勢よはく、とほりもおとりてあしけれど、射直すことなりがたし。

三ケに、手のうちふかすぎたる手前は、小腕おるゝ。俗にこれをくぢけといふ。又手前のつりあひにより深く備ふる事あれど、手のうちにいたみなく、矢勢甚強からず、矢所すなほにそろひ、矢の段をさげてもあふ事は功者のつくへによるべし。手のうちふかすぎたるは手前はまる損あり。矢のよはき矢あり。手のうちあまりふかすぎたるは、うしろへくじけて手くびいたむ事あり。

四ケに、下を押といふ手のうちあり。直違ににぎるといふ手の内あり。此二ケはのぼりこぶし(一)といひて、上はたかく下へはいつくゆへ、これにて射ればやがて手下のわた所だるくしびれ、腕の三里の下筋たみ出る。五ケに、手のうちをかたくにぎりて射れば、手の内をこじる故にいたみなやむ事はやし。武経(二)にいはく、弓の手のうちは卵をにぎるに同じとかけり。手のうちの五ケの患をのぞかざれば矢数のさゝはりとなり、半途にしてしまふなかだちとなる。手の内の五ケの患をのぞきぬれば、一万の矢をはなち、左右の掌に小泡子も出。されば手拍子をうちたるためしおほし。

手のうちの備かたよればやまひとなり、かたよらざればくすりとなる。このゆへに、これを薬方になぞらへていはゞ、うはすじ三分、あさみ四分、ふかみ三分、したのおし一分、握のやはらか三分、おしきり三分五厘、二の拍子三分、右倶に細詳にして人身功に和し、練磨にてねりつめ、稽古のたび事にのみこみたらば、手のうち次第に達者になり、一万の矢は慥にはなちぬべし。堂とほす常の稽古には手のうち表裏なきにしもあらず。上筋つよくおすときは、その矢つよくすゝみてとほりかさみ、手の内あさくとりておし出す拍子に引あはする時は、とほりよきものなり。

大豆指を隅へおしこみ、勝手と引あふ時は、とほりもますものなり。押手十分に引みちてはなるゝ時に、のびあふ拍子にてとほる事あり。弓つよければとほるもの也。かくめんめんの得かたありて、はなばなしくとほる事ありといへども、真のとほりに非ず。二百三百までもよくとほるといふとも、矢数のためとならず、おふきに害あり。弓をひざつきの内にたて矢をつかふ時、小うでをうしろへよりて弓の真中ににぎり、ひっとりて引わくる拍子に手くびを前に引うくる手のうちあり。これをうしろすじをはる手のうちといふ。此手のうちにてはじめて射るときは、弓かへりなく、ひたと射るに従ひ、のちは弓かへりありても手のうちにさからひなければいたむ事なし。これによりて一万二千三百はなしたるためしあり。此手のうちは背かずして直きゆへに、矢すこしよはし。のびあひにてのびきる事かんようなりとぞ。

『矢数精義書』

一）のぼりこぶし………手首が下押しとなり、居付いた状態の手首をいう。

二）武経………ぶきょう。『武経射学正宗』。明代の人で高頴著の弓書。崇禎十年（一六三七—寛永十四年）自序。安永五年江戸文刻堂にて美濃版三冊で刊行されている。

**〇押手の脈所（手首）の在り様は一文字に弓の力を受けるようにするをよしとし、上押し過ぎ、下押し過ぎ、入り過ぎ、控え過ぎはよくない。堂射は矢勢を求める射なので、押手の手首が正しくなければ痛みが出て、数多の矢を射ることが出来なくなるものである。**

一、手の内の事　まっすぐにとる也。にぎり込も出すも上りこぶしも下りこぶしもあしゝ。指矢前にては矢勢を射るなれば少しのむりも後には大なる痛みとなる也。只真直ぐに一文字に取る也。真直に取りては初心の内は射にくき者なり。

大和流『弓道口伝覚書』

**○押手の手首の教えに呼立という教えがある。この教えは押手の手首は一文字に和らかに弓の力を受けるようにすべきで、上押し過ぎ、下押し過ぎ、入り過ぎ、控え過ぎにならないようにすることが肝要であるというものである。すなわち早馬に乗り育てる時、鞍に腰を据えるにあたり、最もよい所を見つけるのと同じように、射手はさまざま試行錯誤を重ねながら己れに最もよい脈所をみつけることが大切である。**

一、手裏は呼立ならんか。

答、尤呼立の位肝要也。歌に　上を押下を押詰るも弱身なり　中筋はりて弓にしらすな　と云。此歌の如く四方弱身なく和に取て弓にかゝはらざる事を大宗として、其主々の器用による鍛錬を以て稽古の内に手の内の当り所を制すべき事専用也。譬ば下地能馬も早馬に乗なすには居木（一）うつりの大事、口伝有心なるべし。去れば手裏のあたりも上へも移し下へも移し後へも移し前へも移して当の和にして手の内の痛なく草臥のなき所を肝要に取定べし。此たとへは手裏に対する一篇にあらず。達者を鍛錬すべきためには惣躰強弱ともに時に至て軽重の位有可き事を口伝すべき也。

『矢数指南師弟問答』

一）居木…………いぎ。鞍橋。前輪と後輪をつなぐために渡した木で、乗り手が尻を据える所をいう。

**○堂射の手の内の作り方は手首の中筋で一文字に弓の力を受けるようにして、薬指・小指にはあまり力を入れないようにすることが肝要である。**

第四　手の裏　手の裏は弓の弝の内角を左の大指の根の所を当てまして、中指をば大指の腹に添へ、薬指小指に力を入れずして手の内は深からず又浅からず中辺に附しまして一文字に柔らかに取るのであります。人指指の屈伸は其意に任せて差支ありません。

『差矢前射法精義』

**〇手の内の作りようとして脈所を上下前後に受けるような在り方があるが、これらは皆よくないもので、大和流では脈所は一文字となるように教える。このようにすれば最初はやり難いが、この手の内で射ればどれ程射ても手の内が痛むということはない。**

一、手の内の事　手の内は指矢至極の大事なり。しかるをおっとりの手の内とてひっつかんで射るもあり。筋違の手の内とて、いつけてのぼり拳なるもあり。或は手首後ゑおしまわすもあり。是みな大きに悪き手の内なり。当流には初より一文字の手の内をとらするなり。此手の内は手の甲に少もたるみなく腕首を前ゑおりこむやうにとらすれば、中々初は射にくけれども後には腕首ろくになりて皮肉一向の張㊁と云の大事に至るなり。こゝに至ればなにほど射ても手を痛むと云事はなきなり。

『射法指南』陰巻（『青葉巻』）

㊁　皮肉一向の張…………ひにくいっこうのはり。大和流の弓歌に「皮肉骨惟一向に押張て　四筋の糸を一筋になせ」とある。皮肉骨惟一向に押張るとは、押手の皮肉骨（弓の強弱と射手との釣合いのこと）を一枚のものとして一向に押し張ること。四筋の糸とは、拇指・中指・薬指・小指を一意にして柔かなうちに角見の心があることをいう。

【八、弓構】

**○弓構は余り体に近すぎても遠過ぎてもよくない。大和流では弓を左膝の前角に立て、肘や肩の在り様も自然のまゝの状態とし、腰や胴造・顔の向けようも歪まずゆったりと構えるようにするをよしとする。**

右に云ごとく後ろに遠くかまへて二筋ためこみ、肩へつかへて弦をとるによってことのほかこだわりてつかるゝことはやし。亦とつと弓を近くかまへてうらはづをかつぎたるも偏也。当流には膝の前かどに弓を立て弓手の二の節を揉みこまず肩も生なりにして、腰胴頭も柔和にゆがまざるかまへなり。

『射術稽古聞書』

**○人によってそれぞれ体形が違うので、弓構やその後の射の運行については皆同じでなくてもよいという。しかし問題は外形こそ違っていても弓を十分に生かした射法・射術が出来ているか否かなのである。**

一、構弦道射手に替る事　構と弦道は射者の肩の生質に依て替る也。譬ば弓手の肩後に付たる射手には弓構を身通より後に構へ弦を狭くとらせ、馬手へひねりて射さする也。又肩出過たる射手には身通より前に弓構して弦を広くとらせて射さする也。真中に付たる肩には構身にして身のかねに合せ弦をとるべき也。是構弦道射手に依て異なる子細也。且又弓構と弦道は所により人により異なると雖も、畢竟弓の矩と身のかねをろくにせんための道と可レ知也。弓歌

弦道と構は人に替れども　あはする曲尺は違はざりけり

相応にあわする曲尺を知らぬ射手　構弦道替りしそすれ

『大和流弓道地之巻七段第一』

## 【九、打起】

**〇打起から引取の際の心身の在りようについて**

一、打起し引取之事　打起しは膝角よりすぐに打あぐべし。其時之躰持、腰をしかと入れ、三ツ居をくいこませ、心は帯仕の所へすへ《是重是所也》何気なく層総身延び懸り、左の後肩平骨之大骨際にてしかと受、両方之乳の上にてはり出すやうにして少し弓の本弭を前へ□打上、其まゝ肩へひっかけ目通りに来る時に、勝手拳を重懸け、つり合を取りて引取べし。尤打起之時総身より仕懸くる時に押手脉所にてしかと請べし。拳にては不レ可レ請。さて右之耳根へ来る時にむかと付処へ付べし。付ると一同に肩を落べき也。

『堂前指南覚秘伝之巻』

**〇打起は押手・勝手・臂などに意を払いながら丸い物を抱くような心持で打起すことが大切である。**

一、打起　丸き物を抱たるごとく真中にて固く推手勝手臂に大事有。

『芸州射芸書』人之巻

**〇数多の矢を発して疲労してくると、自然と弓を照らしたり伏せたり、末弭が的の方に出たりまたその逆になったりする打起となる場合がある。したがって打起には絶えず意を払うことが肝要である。**

一、打起之事　是は数を発て草臥れたる時は、自ら射形異なる也。其異たる射形に合せて打起に五の替ありと云義也。

五つとは末弭伏と照とかつぐと進と直の五也。弓歌

打起す五つの分は時に依り　所によると兼て知るべし

打起其の手の内と掛味は　違ぬ様に心得て射よ

**○打起の際弓が照ったり伏したり、かついだり本弭が的の方に出たりすると、胴造にも反屈懸退の傾向が出る。したがって胴造を正しく保つためには正しく打起すことに意を払うことが必要である。**

一、五腰の事　右の五の打起と五の腰は一躰也。先弓を前に構へて打起し、弓手の肩を捨てゝ射時は腰は向合と可レ知。弓を後に構へて後にて打起時は、腰を馬手に捻りて弓手の肩にて射ると可レ知。弓を伏て射る時は折腰と可レ知。弓を照て射時は反腰と可レ知。今一つは中央の腰也。此五つも畢竟弓と腰の曲尺を可レ合ため也。弓歌

常々に能詰て射る腰の　曲尺五つの腰を射んがため也

折腰を常に好める射ては唯　疲に及び如何やはせん

『大和流弓道地之巻六段第一』

**○腰を開いたり捻ったり、或は反ったり伏せたりするような胴造は、打起後の射の運行に（悪）影響がある。弓を真直ぐに立て腰や胴造を素直に構えて射れば草臥れることはない。**

一、或問、五打上、五ツの腰と云事有りや。

答曰、此習を不レ知しては疲る事早也。是は腰につれて肩にて射る。向ひ腰の時は弓を前に立て其侭打上勝手の肩にて射る。反る腰の時は弓を真中に立て末弭より打上げて射る也。だく腰の時は弓を伏て引込て射るなり。勿論ろくなる腰

は弓をろくに立て打立も、ろくにして射る。以上射形五通なり。是は草臥たる時に如レ是にしても射ると云こと也。

『射法指南』陽之巻（『紅葉巻』と校合）

## 【十、引取り様】

**○通常打起引分は弓手を突き伸ばして弦を引くような射が多いが、大和流では押手勝手高下・遅速なく均衡を保ちながら行うよう行射せよとの教えがある。この射の運行は言筆では表現出来ない味がある。すなわち和らかに行射しようとすれば弓力に負け、強くすれば力む。弓と射手が互に緊張しながらもしなやかに和合するように行射することが肝要である。**

一、打起引分之事　弓手をつきのばして弦を引き、夫をたるめぬやうにと射るは常躰の射様也。是は大形弦引射方になる也。当流の打起引分は、弓形弦なりたがはぬやうに左右の手高下なく、打起より引取に先をとりて引付る也。爰に言筆にも記されぬ意味有り。和かにといへば弓にまくる、強くといへば掛しがむ。只弓弦しなひあいてゆとりなきやうにして弓に勝仕様なり。

『指矢前修業之巻抄』（大和流『射術稽古聞書』　福島家と校合）

**○大和流では押手勝手の均衡を保ちながら打起し、引分けることをよしとする。**

一、打起引分之事　押手勝手克（よく）つり合てゆとりなく打起し、押手勝手一度に引分納るを云也。

『弓道口伝覚書』

**○引取は勝手へ六分押手へ四分として、会から離れは押手へ六分勝手へ四分の力配分とするを竹林派の教えとする。**

一、四分六分の事　引時に勝手へ六分引て、押手へ四分に引、はなつ時分は押手へ六分、勝手へ四分とするは、是第一竹林一流の秘密なり。

『竹林指矢前秘伝之書』

**○引取は左右等分に行なうこと、打起以後押手の拇指根でしっかりと押すこと、手の内が居付かないようにすること、そして小指・薬指・中指はよくしめるようにする。また押手の脈所が居付くような手の内にならないように留意することが肝要である。**

一、引取は二つに引分べし。随分高臂高肩の上重㈠に引付べし。押手の裏打起しより直に従ひて上筋大指の根へ押べし。居附はあしゝ。三指の〆無理なく能しまってよし。利気味て弓かと弓の力に障り当る事なかれ。

『芸州射芸書』人之巻

㈠ 上重……うわがさね。下重(足裏から膝まで)、中重（股から細腰まで）の上にしっかりとした胴造をすること。

**○引取の弦道は反り橋のように孤を描くような気持ちで左右均等に押し引きすることが大切であり、押手が優先するような引取はよくない。**

一、彎取むっくりと高く反橋よし。押手勝わろし。弓弦両方へひく様に心得べし。押手勝になりては勝手十分に引兼る

物なり。（鈴木万右衛門の話）

『芸州射芸書』人之巻

**○引取は胴造をしっかりと保ち、引き込んだ時の押手の肩が七分の状態となるように左右遅速なく均等に引き納めることが重要である。**

一、推手勝手身三つのひき請之事　付肩ならひ　弓手はやくおさまれば勝手劣る。勝手早く納まれば弓手たるむ故に当流に推手勝手の納まりとも片つりなく放れのうつる処に身を引請て三つのおさまりこそろうやうにひたものひきならはせ、扨肩のならひをみるに、肩の高下なく能く引あひて弓手の方は七分にひきうけたるを吉とす。此格をちがふて弓手の肩さすかひくきか勝手の肩高きかひくきか、向かするは悪き也。是を専用になおし立べきなり。

福島家蔵　大和流『射術稽古聞書』（『指矢前修業之巻抄』と校合）

一）三つのおさまり…………押手・勝手・心の納まりをいう。

**○射始めと射納めには必ず素引きをして、軽はずみや早気という悪癖をつけなようにするとともに、離れや押手・勝手・体の釣合いの味を忘れないようにすることが大切である。**

一、射かゝりの釣合射納の釣合之事　是は指矢にかるはづみを付まじき教なり。教訓之巻に素引してはなるゝ所のかおりを味ふ是也。前に云推手勝手身三つの釣合をよく心に素引にておぼへて、扨射掛なり。射おさむるには右の釣合を得心して置なり。いかゝりといおさめを如レ此する時は、はやけかるはづみ付ざるもの也、大事。

『射術稽古聞書』

**○打起から引取の在り様に、①元気な時の通常の射様、②疲労した時に（意識して）打起を高くして引き取る射様、③弓手を突き伸ばし本弭を縁上に付けた低い状態から低く打起し引取るという射様の三通りある。いづれの射様でも離れに際して矢道は変わらないということが、数多の矢数を発射し通り矢を得る不可欠の条件であるといえよう。**

一、或問曰、矢道うけ処と云事ありや。　答曰、三処に有。是矢数始中終の射様を云也。草臥ぬうちは常のごとく射る。つかれに及て弦を虹形に取て打起高くひきつけておさまる処を放つ事一つの射様也なり。亦弓手をつきのばし本弭を下につけて弦をひきく取付てひきく付放事也。此の射様一つ有。されば矢道上中下のかはり有と雖共、矢放れて矢道はたがはぬ処を堂形矢数のとき能心むべき也。明暦二年閏四月廿一日吉見台右衛門六千百四十三の惣一を射たる時につかれに及て、弓手をはね込て勝利を得たるなり。

『射術稽古聞書』

**○堂射における引取の力の配分は三つの内二つは押手へ、一つは勝手とするをよしとする。**

一、三歩一と云事　指矢射る時は三つの内二つは押手一つは勝事也。

『指矢之書』

**○堂射における引取と打起との在り方は的前と相違すること**

第五條　引取　手の裏が出来たならば引取に懸ります。差矢前に於いては打起して後に引取るのではありません。引取るに連れて自づから打起すので御座います。押手勝手共に取掛をした時の形を違へずに、勝手は弦を廣からず狭からず弦道を真すぐに取りまして、押手に於ては今迄七分に備へて置きました肩をば其侭にして手の内はしめずして、又勢もつけずに弓なり弦なりを違へずに又左右の拳に高下なくゆらりと打起しましてふわりと引くに随って押手に力を添へ、勝手は六分引き、押手は四分程押すと心得て、勝手は高目に右の肩へ早く引き取るので御座ます。手先にて引取るのでは御座いません。

　必ず肱にて引かなくてはなりません。此時押手は中指にて一文字に取りました所の手の裏が弓を引くに随ひまして自然と鱗形[一]になるので御座います。そこで懸の拳は低きも高きも、又引き過ぎましたのも控へたのも何れも悪う御座いますから、其所を注意して右の肩の継目の上に大指の中筋が収まる位に致さなければなりません。肱は張りましたのも悪う御座いますれば、又下りたるも宜敷くありません。つまり肩の後の平骨、即ち雁金骨[二]の下へ詰るのを宜しと致します。

『指矢前射法精義』

一）鱗形…………うろこがた。小指から拇指までしっぽりと弓に密着した様が鱗のようであることから名づけられたもの。「是は弓の内角を大指の付根のすみへ押あて、すみからすみへ押す如くに押しかけて射る也。是は悪き手の内なれども脈所打射手、又弓返し早くさせたき人に射さすれば、弓返しなる也」。（『道雪派指南聞書』）

二）雁金骨…………かりがねほね。かいがらぼね。胛骨。肩甲骨。

**○差矢前では引取につれて打起と心得、左右の拳を均等にゆらりと打起しふわりと引くにしたがって押手の力を合して勝手へ六分引、押手へ四分押す気持ちで勝手高に右の肩へ早く引取るをよしとする。**

五に引取　差矢前は打起して引取にあらず、引取につれておのづから打起とこゝろふべし。推手勝手とも取掛の時の形状を違へず、勝手は弦を広からず狭からず弦道を直にとり、推手は七分に備えへたる肩を其侭に、手の内をしめず勢をつけず、弓なり弦なりを違へず、左右の拳に高下なくゆらりと打起しふわりと引に随ひ、推手の力を合して勝手へ六分引、推手へ四分推とこころへ、勝手高に右の肩へ早く引取べし《手先にて引ず、ひぢにて引べし》。此時推手は中筋にて一文字に取たる手の内を、引にしたがひ自然とうろこがたに成なり。懸拳は低きも高過たるも引過たるもひかへたるも悪し。右の肩の次目の上に大指の中のふしの収るをよしとす。肱はは り、肱も下りたるもわろし。肩のうしろの平骨の下へ《かりがねほねなり》詰るを吉とす。

『新書後編射学精要』(『射学要録』と校合)

**○堂射では弓構から離れに至るまでの射法・射術に、的前のそれに見られない特殊なやり方がある。**

第十七　七分の備へにて手の中をしめず、二の節をかへさず、手さきに勢をつけず、只ゆらりとうちおこしふわりと引くに従ひ、押手おのづから力を合せて引みち、一と引合二とおしきる。此備へにて射れば、労なくして勝手と引きあふ時、ひかへたる押手の力おこり、押手勝手一拍子にはなるゝ故、はなるゝ所おのづから無思無為の理にかなふ。此備へにてはすぬけといふ事まれなり。若しすぬけありとも、なおる事はやき得あり。七分の備にて稽古をつとむれば、未熟寄り上手に至りやすし。手前はなやかならねど、かたからずして稽古の至るに従ひはづむ事を知る故に相応より強き弓をもあぐまず、相応より強き弱き弓をもはづまし射る益あり。

七分の備へにて常に四分五分ぬく射手は、寒気あるうちも湿気になりてもかはる事なく四分五分通り、当日も又しかり。惣矢思の外はなるゝ故に通矢多きためし幾人かあり。七分の備へは、押手勝手合比する故に、夜中より翌夕まで射れども肩根もどる事なき益あり。七分の備へにて肩よりつかれやめたるためしなし。されば惣矢一万はなし通矢四千以上の射形を見るに、皆生得たるまゝの手前にて七分の備へなり。十分の備にて三千とも通したる射手一人もなければ、射師の考ふべき所にあらずや。

『矢数精義書』

**○大和流の教えでは、引取は左右均等に体の中央に納まることをよしとする。**

一、推手勝手身三つ之引請之事　付　肩のならび　弓手早くおさまれば勝手劣る。勝手早く納れば弓手たるむ故に、当流には推手勝手の納り、片釣なく放れにうつる処は、身に引請て三つのおさまり揃ふやうにひたもの引習わせ、扨肩のならびを見るに肩の高下なく能くい合て弓手の肩さすかひくきか、勝手の肩高きかひくきか、むかうかするは悪しき也。是を専用になおし立べき也。

『指矢前修業之巻抄』

**○押手勝手均等に引取り、勝手を油断なく張り懸け、体の中央より離せば、粗雑な射はなくなるものである。**

一、推手勝手身三つの引受の事　前に云おしでかってゆとりなくかろく引受るとき、先一つと引受てかってにゆだんなく二つとはりかけ、夫より三つと身に引受てはなす也。夫も一たいにゆだんなき様にする。此如くすれば早だたぬもの也。夫よりかたの並びを見る。推手勝手高下なくよく肩のならびたるを云也。

『弓道口伝覚書』

**○引取においては押手勝手いずれにも遅速なく均等に納まるようにすることが大切であり、その際弓手の肩を七分に引き請け、体の中央より左右均等に発つように心掛けよ。**

一、推手・勝手・身、三つの彎詰の事　附　肩の並び弓手はやく納れば、勝手をとらるゝ。勝手早く納れば弓手たるむ。故に当流には推手かっての納り、片つりなく放れにうつる所は身に引請て三つの納り揃やうにひたものひきならわせて、肩の並びを見るに、高下なく能く喰合て、弓手の肩は七分にひきうけたるをよしとす。此格ちがふて弓手の肩さすかひきくか勝手の肩高きかひくきか向かする悪しきなり。是を専用になおしたつべきなり。

『射法指南』陰巻　走射之術（『青葉巻』陰）

## 【十一、会】

**○稽古ではしっかりと矢束を取ること、但し引き過ぎてはならない。**

一、矢束は随分引べし。難レ引物也。稽古には無理にも引習ふべし。乍レ去無理引は用に不レ立。心気力の受る所にて自然と引ける矢束ならでは誠の位にあらず。態の拍子、気分の調子、息合態は自然と我不レ知可レ引也。

『芸州射芸書』人之巻

**○弓は伏せ気味がよい。手の内がよければ弓は自然と伏すようになるものである。**

一、弓は直をよしとす。初心のうちは照たるがよし。功行に随ひ射手により少し伏て能も有。手の裏の味ひにて自然に伏事有物也。

『芸州射芸書』人之巻

**〇勝手の肘先を余り張り上げようとすると、しかるべき矢束をとることが出来ないので、少し下がり気味に引き込むことが肝要である。**

一、勝手の肱余り上げんとすれば、人により引兼る物なり。少し肱は下りてもよったりとひけねばならぬ事也。（鈴木万右衛門の話）

『芸州射芸書』人之巻

**〇堂射では的前の射と違い、押手の肩が七分の状態となるように左右遅速なく均等に引き納めることが重要であり、その後三分を伸合う。これが惣体の伸びとなり離れに至るをよしとする。伸合には六ツの要点があるが、特に肩根の使いよう、息合の在り方は伸合にとって重要である。**

一、問云、矢数を放し達者をするも、矢勢の強きも皆手延合に在とは如何。

答曰、是矢数の大事也。前に云七分の備は、放れて十分になれば三分の延びなり。七分の備へは直なる射形にして惣躰の延となれば、毛頭弓と弦にこぢあはぬは矢勢吉。達者の碍りにならず。是を能き心に味て、其射手の手前を直すべし。我数多の射手を見るに、生付肩根直なる射手に必ずはまりすぎて矢弱く不達者なるあり。是は師匠の不功者故に、手前十分に成たるを知らぬ故也。但延合と云に六つの品あり。是を心に味て直すべし。

一に腕にて延び　　　　二に皮肉の延び
三に腕にて延び　　　　四に惣躰の延び
五に先への延び　　　　六に心の延び

右に云腕の延は、弓引時はすなおならで、放れて直ゆき合は腕の延合也。腕に寄りて弓引時は直にて放れてゆがむ事あり。是はゆるみたるみ也。皮肉の延合と云はきざしをふくめる延びなり。是は態と拵拍子にはづみて延合故、勝手の持合によりてすぐれてよきもあれ共、大形は手前悪く成り、矢に色有て直（すなお）ならず。胸にて張切る延合は矢所極まりがたし。

元来胸はそなへの本躰なれば、すくまずきずまず、唯何となく、押手はなよなよと引満、自然と放て我不レ知延合、是惣躰の延なるべし。先へ延合事肩根のくい合によりて弓ひく引く時は、縮みてくじけたるにあらず。放るゝ勢に先へ延合肩根あり。是勝れて能き延合なり。常に一分なりとも先へ延の心を含みて勤むべき。心の延と云は息合（一）なり。弓引時、息を張らず唯何となき心にて弓を引満て、放つ時息を洩さず気を発動なり。筆力に不レ及所也。初心の射手は弓を引とき息をつめ胸を張る。不功の師匠は阿と引吽と放せ（二）と教ゆる。むさとしたる事也。一分の詰に五分の延と云ことあれ共、是も心得悪ければきづみとなる也。常に息をせば鼻にてつぎ習が吉。延と云は唯機発のはづみ也と心得可し。

『矢数師資問答』（宮城県立図書館佐藤報恩会本と校合）

一）息合…………「息合と申は的前にても指矢前にても、其射手の息合幾息にて矢を番ひ、又幾息にて引くと、斯如く息ごみを覚え候へば、手前の調子克く揃ひ、其上呼吸の内にて殊の外休みの心持御座候」。（『日置流秘書百七箇条』）「息合は引く息に打ち上げて、其侭にて吐く息をして、又引息に弓を引き、吐く息を詰めて、総身へ充満さすべし」。『朝気の嵐』

二）阿と引吽と放せ…………阿は口を開いて発する音、吽は口を閉じて発する音。「打起の息込は阿也。引込のつめ息は吽也。初に口をあけて、口いっぱい息を引込候へば、外の風気も口に入候得ども、又我が持ちがゝりの腹の底、臍のあたりに有レ之息も、水落へ引上るもの也。……」。『日置流道雪派六十五ケ条講述抄』

**○息合に留意しながら胸の中筋より弓手へ一寸勝手へ五分程伸び合うように心掛けることが肝要であり、五部の詰だからといって勝手へばかり伸び合おうとするのは間違いである。**

一、延相の事　能々あうんの道理そろひての事也。さればのび相て、勝手へは五分と覚へべし。故に他流には五分の詰と云事あり、是皆ひが事也。めてへばかり五部詰ては弓手はなき也。押手は陽なれば一寸おしかけて、馬手にて五部つめはなせば、そのとくおびただしき事あり。故に長くばつげ、みじかくば切れヿとは秘密の事也。されば長くつげとは、矢尺長きとてゆめゆめ油断の心あれば、かならず矢よはきゆへに、ゐんにてかゝる也。みじかく切れとは、小兵成に矢尺ひけひけとばかりおしゆれば、たゞ矢尺のひく事を専とすれば、のび相の心はなしに、矢尺ものはなをなを延相つよくなければ、ひらかゝりになるもの也。

『竹林指矢前秘伝之書』

一）長くばつげ、みじかくば切れ…………「小矢束もかけと手先に気をつけて　はなつ矢束は大矢束なり」。『日置流射学教直注書』「引く矢束引かぬ矢束にたゞ矢束　みじかくばきれ長きをばつげ。『吉田流弓歌』

**○引取から会に至り、拇指が右肩に付くにつれて背筋・顔持などを正し、勝手の肘先をしっかりと後ろに廻し、弓力を押手の脉所でしっかりと受けることが重要である。これらへの配慮は一瞬に行なうことが大切であるが、決してあわてず落ち着いて行うことが肝要である。**

一、延び〆り之事　大半引取に延〆り致置事なれども、弥肩に拳付と拳を和らかくして中くわん腰、防風、両裏肩、大骨、背之大骨にてそり〆め、首をすぐに持、首肩延出る様にすべし。重十之処帯仕之所計力有って胸肩何気なくかるく思ふ様に胸をひらかず、勝手は夫々に連て肬後へ廻り力入り、其力勝手拳脉所へいたるに連、押手脉所、弥しかと請る。是を轄と云。此仕事至極早業なれば、弥心静にせくことなかれ。

『堂前指南覚秘伝之巻』

**○強く射ようとして勝手拇指をしっかりと右肩根につけようとするのは問題である。右肩に強く付けようせず、軽くふうわりと軽く付けるようにすることである。**

一、附之大事之事　弓強きか、又は強く射と思ふに連てしかとぎっしりと付る。是をくらい付（一）と云うて嫌ふ。かるくふうわりと付べし。依て初めの間付拳すべりある事を不レ嫌。只かるく付よと云。射覚て〆るを心得る事はすべり下る事やむもの也。すべり下るを嫌ひ、夫よりとどむる時は其の的はよきやうなれども、くらい付て肩も落ず胸も不開様に成物ぞ。能々心得て射さすべし。

『堂前指南覚秘伝之巻』

一）くらい付…………位つけ。堂射で勝手拇指を右肩の骨頭に強く付けようとすることを位つけといって嫌うものである。（『堂前指南覚秘伝之巻』)

**○狙いを定める稽古として、巻藁に麾の高さになるように印を付け、それに対して左右高下を修正し正しい狙いを体得するようにした後に野外に出て芝矢前を行う。この稽古を押手こらし（凝らし？）とも押手定めともいう。**

一、押手定稽古は芝に出、矢つき悪敷と思ふ折はぜひぜひ可レ致事也。是は巻藁に印紙を付置《但し高さをつもり、麾拳当之所之高さに成る様に印紙を付け置》、扨巻藁に向ひ矢を番ひ引取押手拳と印紙と見合もひきゝ時はおし上げ高き時は押下げ、前後ならば直し、押当て、しかと印紙にすわり候時ゆるし、一息ついて又引取べし。打起し〆りに□てじっと印紙へ押当る様になるまで幾度も可レ致也。如レ斯数度致時は心がてんし、押手もが天して引取〆りかゝると、其まゝ印紙に当るものなり。能当るやうになりて又々芝に出べき也。是を押手こらしとも押手定めとも云。

『堂前指南覚秘伝之巻』

**○堂射において肩の在りようは重要である。したがって指導者は射手の肩の在りようについてよく見極め矯正することが肝要である。要するに弓力を肩に受ける受け方に前後上中下五つあるが、中の受けようをよしとする。**

一、肩の事　肩をさし矢前の第一とする所也。六合悪敷ときは達者不レ成。達者不レ成時は通矢すくなし。然ばめんめんの肩の生質を察して夫々に応じて射形をなおしたつべき也。肩前後上中下五つの形有。然共みな中の一字にとどまるもの也。

『日置流弓伝註解』

**○弓を引き納めた形や力の働きは縦横十文字になるをよしとする。**

一、篦に付弦に付と云事　これは弓を引込み弓のかねと胴の曲尺とあひ、矢の曲尺と弓手の曲尺合ひて一致して十文字の矩こに外れぬを云也。然る時は矢のり弓手の肩の上にあまってかひなと一致する。是篦に付と云もの也。身も能はまりぬれば胸と矢のすじ一体する。是篦に付也。此篦に付と云事を悪しく心得たる射手は、腰を折り胸をせりて肩を出し身をもたれて篦に付んとする。是を弦に付射手と云て嫌ふ事也。弦と矢を身のろくなる曲尺へ付んと射るを篦に付と云也。是躰を以て用をつかふ也。弓歌篦に付と云は躰より用を只つかへといへる教なるべし

弦に付射手は腰たれ胸出て　弓手の肩はくぢけこそすれ

『大和流弓道地之巻七段第一』

一）十文字の矩……………じゅうもんじのかね。押手の腕首・肘・肩根・右の肩根・肘先の横線と、首根・腰・膝口・足蹈の縦線の十文字をいう。

**○肩の受けように前後上中下の五つあるが、前後上下の四つの受けようは問題があり、中の受けようをよしとする。**

一、肩の事　肩は指矢の第一にする所也。喰合悪しき時は達者ならず。達者不ㇾ成時は通矢少し。然ば面々の肩の生質を察して夫々に応じて射形を直し立べき也。肩は前後上中下五つのわけあり。然れども皆中の一字に止るもの也。口伝あり。弓歌

はまり過肩のを相手に射る射手は　達者は成ぬものと知るべし

喰合をとくと合せて肩をすて　射こそ射手の上手とはいへ

『大和流弓道地之巻七段第一』

**○引くべき矢束と伸合について**

矢束之結之事

凡性質に射二尺九寸五分之矢束ヲ以二尺八寸五分ニ縮めて佳也。勢気残ル故に雖レ倦ト矢束不レ縮徳あり。本質之矢束之結ニ雖レ背ト亦有二此理一。亦左之肩後に傴者ハ必伸テ離ハつよし。是雖二理背之事ト一技芸ハ有二如レ是事一而巳。

『堂射考』

**○しかるべき矢束以上に引けば離れ時に緩む、また引き不足であれば引きながらの離れとなりいずれもよくない。引く矢束引ぬ矢束にたゞ矢束　放つ放れに放さるゝかなという弓歌があるが、十分に矢束を引き満ちた後に勝手の肘に留意しながら竪横十文字に体全体で伸び合うをよしとする。**

引ぬ矢束之事

一、約束より引過れば必ずもどる道理也。たらねば引はなれに成てもり気味也。いわんや過ぎればよわし。たらねばあらしと可二心得一なり。

『指矢之書』

**○引取から伸合の力は、引取にあたって勝手に六分押手に四分であったものを、伸合において押手へ六分勝手へ四分の働きで伸び合うをよしとする。**

第六条　伸合　前に申しました如く勝手高に右の肩へ早く引取りまして、肱をば平骨の下へ詰るに従ひまして、七分に備へておりました左の肩臂を押手へ六分勝手へ四分と申す位に伸合ふので御座います。引取の場合には勝手に六分押手に四分でありましたが、此伸合に於ては反対となるので御座います。即ち押手が六分勝手が四分の働きを致します。

『差矢前射法精義』

**○堂射では的前のように打起してから引取るのではなく、引取につれて打起すようにするをよしとする。すなわち左右の拳を高下なくゆらりと打起しふわりと勝手へ六分引き、押手へ四分押すようにする。また脉所・手の内・懸拳・勝手の肘などの在り方にも留意することが肝要である。**

五に引取　差矢前は打起して引取にあらず。引取につれておのづから打起とこゝろうべし。推手勝手とも取掛の時の形状を違へず、勝手は弦を広からず狭からず弦道を直にとり、推手は七分に備へたる肩を其侭に、手の内をしめず、勢をつけず、弓なり弦なりを違へず、左右の拳に高下なくゆらりと打起ふわりと引に随ひ、推手の力を合して勝手へ六分引、推手へ四分推とこころへ、勝手高に右の肩へ早く引取べし《手先にて引ず、ひぢにて引べし。》。此時推手は中筋にて一文字にて取たる手の内を、引にしたがひ自然とうろこがたに成なり。懸拳は低きも高過ぎたるも引過たるもひかへたるも悪し。右の肩の次目の上に大指の中のふしの収るをよしとす。肱ははり、肱も下りたるもわろし。肩の後ろの平骨の下へ《かりがねほねなり》詰るを善とす。

『新書後編射学精要』

**○堂射では長く太い矢は不利であり、二尺九寸五〜七分以上の長矢束を使って好成績を出した射手はいない。また長く分**

**の厚い弓は反発力がない。**

第十四　或問曰、矢束は長きをうらやみ短きをくやむは射者の常なり。然るを二尺九寸五七分にかぎる事は何ぞや。不佞[一]答へて曰、二尺九寸七分以上の矢束にて矢数を通し得たるためしなし。弓は長く分厚き程はづみ少し。矢は長く篦のふときに損あり。九寸五七分堂充盛の矢束なり。大から小をなせばやくそく手に入る事考へ知るべし。的前にて三尺以上の手前を指矢前二尺九寸五七分につめて益ありしは、高山・杉山・葛西などたしかなるためしあり。二尺七寸より二尺八寸までの矢束はおのがやくそく迄引みつる事を要とする故に、弓を相応にきりつむれば、弓つよくなりて稽古の労まされども、矢束の不足を憂ふる事なかれ。吉田小左近は二尺六寸七分にて二千百七十壱とふして其の時の惣一となり、吉田助之丞は二尺七寸二分の矢束にて三千八百八十三通して惣一となりしためしあり。二尺九寸五七分は十分に過ぎたる矢束なれば弓損る事多し。弓は短き程はづみ出て矢強きものなり。矢束相応の弓長あり。つぶさにしるして人に伝へんとす。

『矢数精義書』

一）不佞……ふねい。男性が自分をへりくだっていう語。

**○弓術は弓の反発力を如何に効果的に利用するかにある。したがって弓射の在り方は外見上美しく整った形をしているからといって必ずしもよいとはいえない。たとえば押手の二の腕が曲がっていたとしても、その在りようが弓力に対し正しく働いていればその形がよいといえる。このように人により体形が相違するので、指導者はよく見極める力量が要求される。**

第四十四　或人のいひしは、つりあひを見てさし肩をひき身に備へ、おち肩はさし身にあわせ、ふす弓はてらし、てる身すぐに備へる事は、なべて射手の知る所にしてめづらしからず。弓はそむく故に発すといふ事を明鑑にして、つりあひを見合する事肝要なり。生得さまざまあれば手前直に見ゆればとて直にあらず、手前曲て見ゆればとて曲にあらず、其身の生得によりてつりあふ所あるべし。たとへば腕の上へそりたる手前はさし身に備へ、押手うちあげて引おろし、勝手もうはつりあひに引みちて押きりたるよし。

腕の上へそりたるは弱みなるゆへに、その弱みを惣躰にてもちあはする儀なり。生得すぐなる手前にて矢の勢のよはきは、はりあひのかひなきゆへなり。かやうに手前のそむく所を見、さてすこしなおしぬれば、矢の勢つよくなる事あり。人の生得さまざまなりといへ共、其生得に従ひつりあふ所あるべし。手前のそむく所にはりあふといふ相手をもとむれば、其中にはづむといふ事あり。これ弓のたましひなり。

『矢数精義書』

**○人それぞれに骨格体形に違いがあるということを理解せず、弓射はこうでなければならないと思い込んでいる射手（指導者）がいる。確かに外見上整った形で行射していても、それがその人の骨格や体形に合致していない射法射術であれば長続きしないものである。要するに、手前のすぐを見る心眼道にたがふときは理にかなはずとあるように、その射手の骨格や体形に合致した射がどのようであるべきかを見間違えば、理に適った指導が出来ないものであるということである。**

第四十五　或人の曰く、弓のゆがみたるゆへに、矢をすぐに射出すもの也。ゆみと訓ずるはゆがみの中略とぞ。右は指矢に対して矢の勢をもとむるつりあひなり。的前のつりあひは外なる事。

杉はすぐ松はゆがみておもしろや　おのれおのれの心々に

といふ歌ににたり。弓に二形なし。かたよる心によって流儀あり。流儀に従によりて直しまちまちなり。手前のすぐを見る心眼道にたがふときは理にかなはず。たとへばうしろ肩の生得を前肩になおすが如し。是道にたがふが故に、日々の稽古にためいれ、久労（ママ）せざればなおらず。ひたすらこれをなおせばなおれども、三ケの品あり、何れもおほきに損あり。一つには肩根の骨あひくじけて、ろくになおる事とおほし。是は矢ののしよはし。二ケには肩根くじけずしてろくになる肩ねあり。是ははなれぎはにゆるみあり。的前にて見れば、たしかに顕るゝなり。たもつうちにゆるむは、勝手のゆるみにあらず。押手の肩へもどるなり。三ケには肩根くじけず骨あひもよく、地位ぬけもよく、慥にそなはる手前あり。当日の惣矢二三千までのうちに肩根もどり、矢よはくなり、俄に通矢おとり、半途にしてやむるためし多し。

肩根をはりこみ、習ひ得たる手前はつのりて後見事になり、つよく慥なる手前のやうに見ゑ、堂とほす稽古にも、五十百のうちにては六七分にとほり、見物の目を驚かし、都人の沙汰にのりし射手も、当日半途にてやめたるためしおほし。是則こしらへたる十分の手前なり。十分の手前にて地位ぬけの六七分にもかゝるゆへ、四ケあり。一ケには弓のつよきにあり、二ケには勝手をつよくはなつにあり、三ケには一ぱいの引うけはなれぎはに拍子をとるつよみにあり、四ケには手のうちをこぢあひて勝手の拍子をあはするにあり。みな是こしらへたる手前ゆへ、百二百のうちにては目ざましくとほれども、数々に及てはこたへがたし。肩根をはり出したる手前の射損じて、口惜といひつゝ半途にしまひ、己とさはぐ胸をこがし、みづから工夫して肩根を七分にもどし廿四五日の稽古にて射直し、三千四百とほしたるためしあり。

『矢数精義書』

## 【十二、狙い】

**○射機八法の内、狙いのこと**

空打と云事

心は堂に登る時、彀を覘謂なり。堂射の備転法あり。未形を動ざる前に各具フニ其理を心ニ一。是をそら打といふ。諺ニ曰、猛鳥の疾ク至ル事ハニ於毀折ニ一者節也。

『堂射考』

目中之事

目中之事　彀を視るときは精神に通るなり。是を審にするときは謂フニ之ヲ目中一。よろしく思察すべし。北辰の目中といふも同じ事なり。心は四躰百骸のそなへ、是がために相そむかざるいはれなり。附たり、鳳点の目中といふことは、鳳は霊物にして目明也。点とは弓の握上二三寸の間中りあるところに絵ヲレ点ヲ当レ鵠而、其中あるところを尋て適フレ茲ニ者可也。真之目中といふハ知術一貫して有二其功一謂也。至テハ二其極ニ一同事也。

『堂射考』

**○堂射の狙い所は、上手な射手であれば軒口の垂木の端を目当とし、右に矢が反れる時は安坐した右足を開き、その反対の場合は右足を前に出すようにして射る。**

一、堂射附　目附は精兵ならば矢崎（ママ）ゑんはしを軒口の垂木のはしを目当にして可レ射。うしろへきるゝ時は、右の足ひらきて可レ射。前へきれば右のあしふみ出して可レ射。小兵ならば目付拾八九間さきへ出すべし。能鍛錬して矢かず四つ五程宛可レ射、第一口伝。

『指南書』上

**○桝形を狙いとするをよしとする。**

一、堂射る時は枡形(一)に目を附てよし。(鈴木万右衛門の話)

『芸州射芸書』人之巻

一)桝形……ますがた。寺社などの柱の上などに置く方形の木をいうが、三十三間堂の桝形は一丈四尺七寸八分の高さにあり、この辺を矢ぶくらとして発射する。

**○附は高い方がよいが、あまり高すぎると心持が浮き上がるので注意が肝要である。**

一、附は高きがよけれども、余り高過れば釣上りて悪き事あり。人により能々見分備ふべき也。(鈴木万右衛門の話)

『芸州射芸書』人之巻

**○射手から四尺先に巻藁を立て、どれ程狙いを上げれば何拾間先ではいか程の矢ぶくらになるかを考えながら稽古する方法がある。また弓構・打起・引取の動きが毎射変わらぬように出来れば、悪癖が出ても容易に矯正することが出来る。和佐大八郎は巻藁に一寸程の小さな輪を付け、その輪を移動させながらこれに対し射込み、巻藁稽古時における狙いの**

**高さと本堂での矢ぶくらとの関係について推測するという稽古を行ったという。**

一、矢ぶくら(一)定稽古も同前と心得べし。巻藁、たとへば四尺之処に立て拳いづくにすへて離れの延にて矢何寸上ると覚、夫れより何十間にて矢ぶくらいくらになると云事を□□も割を巻藁にて是ほどなれば能所にて能程之矢ぶくらと云事を心得、離味押手拳常々不レ替様に稽古可レ致なり。弓構打起し引取に大事有。是相替る時は筋骨度々に替る。右之三品を違へざるやうに致す時は、筋骨かくべつ不レ違ものぞ。筋骨不レ違時は病気(二)差出たりとも治安きと知るべし。大八稽古には篝□□を巻藁にて矢この処に当る時は、矢ぶくらこゝと云処を極め射させ候へども相知難し。外より見覚がたき故に丸き輪いくつもこしらへ置、巻藁の小口に入、押手拳所には小き板を付置、次第に輪はめ、弥射覚たると存る時は矢所ようやく一寸四方ほどに成様に輪を入れ巻藁をいたさせ、昼の折掛には悪敷矢ぶくら之処へは柱を立て矢をおさへ稽古いたさせ候。其後存候には矢だまりは射覚候上にては五分四方計が猶々宜鋪かと存る事に候。

『堂前指南覚秘伝之巻』

(一) 矢ぶくら……………矢飛びの上限。
(二) 病気……………悪癖。

**○堂射における狙いは暗みや桝形を拠り所とするとともに、くり引合にして離れは朝嵐の離れをよしとする。**

堂ならばくら見(一)ますがた見定て　くり引合に朝あらし(二)にて

『射術教歌書』

一）くら見………暗、くらやみ、暗み。堂の南端の柱より北に数えて二十一本目（四十間・約七十三㍍）の柱の肘木の左側上方の垂木に一尺二寸の的が掛かっていることを想定し、これを目標に発射することを稽古した。この肘木の左側で垂木の間をくら見という。

二）朝あらし………「朝嵐といふは弦をしたるく覚ゆる時に専らとすべし。かけようは折目の少し奥に筋違にかけ、上の弦当りは人差指の付根の通りなるべし。又下のかねは高指のかしらを前へよせて弦にて三つにわると思ふべし。さて弦せまり放つときにおさへの二つの指をゆるさず、尚しめかけて大指ばかりを弾くべし。抑への指先には付紙をして放つといへり。……中略……朝嵐と名付けし事、眠りをさますといふ心なり。弓を引き込み、たもつ中は我もなし弓もなし。空々となりて一物もさはる物なく、此如き形則ち眠る心に至る。右朝嵐の心によりて放つときは身にしみ、眠りをさますべし。さてこそ朝嵐に叶ふものなり」。（『日置流射学』）

**○堂射の狙いは射手にもよるが堂の暗みとするをよしとする。**

一、人によれども、堂のくらみをねらふべし。

『弓稽古委細』（『指矢之書』と校合）

**○握下四寸見隠とは通り矢の道を得る法という意味である。これは矢が前後上下に散る場合、握り下四寸を隠すように狙いを付ければ矢飛びは高くなるものである。また後門より先四五尺先に狙いを付ければ、矢ぶくらがよくなり通り矢を得ることが出来るものである。**

一、或問曰、握下四寸見隠と云事如何。

答曰、矢の中道をゑせしむる法なり。是は矢のはねつけて通ぬことあり。其時は握り下に目を附て矢先を見ねば矢ひきく出てはねつけぬなり。亦ひきくて縁先にてかゝる時は、握下四寸を見かくすやうにすれば矢高く出て通るなり。

別伝に後門（二）のくらみに目附して射るに依りて四寸見出す。見かくすと云ことはなしと云事有。是をきくものゝいへり。堂射る目附はくらみとこゝろがくるに依て矢枡形に当りて不レ通。依レ之後門より先四五尺の間を矢所と心指いれば矢の峠の取所よくて矢の抜よく通矢多しと云り。別伝に、堂を射るに矢先を見ることなし。矢尻を見ること専用也。矢尻を見る時は矢つまりよく手前の格不レ違して夜のぬけよしと云り。了簡の入処なり。

『射法指南』陽巻　射術草之部（『紅葉巻』陽

二）後門…………堂の西側裏門のことか？

**○調子よく通っている時に目安としていた垂木の位置を忘れないでおくこと。**

一、胴に目当とは、上のたる木に目印をして矢袋（三）を取。能通たる時のたる木をわすれず目当に致すもの也。

『吉田流印西派射術』

三）矢袋…………矢ぶくら。

**○芝射前で矢振りを見送ったり堂形で通ったか通らぬかを一々見極めたりする癖がつくと、本堂でもその癖が治らないものである。したがって本堂では後門の枡形尻に狙いを置いて、己れの射に意を注ぐようにすることが大切である。**

一、芝射堂形手裏之事　芝を射るに矢の飛か飛ざるかと見おくり、堂形を射るにも通りぬるか不レ通かとあとを見おくること悪きことなり。本堂にても其癖直らぬものなり。後門の枡形尻に心を附て手前の格たがわざるやうにと心にもちて、射放すといなや手妻に心をくばりて射習べし。但し拳を見る事当流之教なり。

『射法指南』陰巻　走者之術（『青葉巻』陰）

**○矢が低く出るようになる原因は、疲労して弓が重く感じられ押手が上がらなくなるからである。そのような場合は本弭がつく縁上に厚さ五六分位の板を敷くとよい。それでも解決しない時は尻に二帖位の厚さの紙を敷くと矢は上がるものである。**

一、草臥て矢ひきく出るは弓おもくなり押手ひきゝ故也。其の時は本弭のつく所に五六分厚の有る板をしく也。後それにても矢番ふ内腕かひたるき也。左ある時は尻に紙二帖ほど折敷する也。必矢高く出るものなり。

『矢数之次第秘伝書』

**○枡形を狙い所として射る場合、右膝を前に出して射る場合があるがこれでは矢が上下に掛り問題がある。矢が枡形に当るのは押手をしっかりとさせて射ると暫くはよくなるが、やがて矢は通らなくなってしまうものである。疲れて枡形に当るような時は、通常の射位より一尺も退いて射ると、矢の弾道（矢ぶくら）が丁度よくなり矢が通るようになる。この方法は立証済みである。**

一、ますがたを射る時、右の膝を前へ出し射る事恒の直し也。是悪しき也。それにてはけ矢ゝかゝり矢多くなる也。時々ますがた射るも同じ道理也。けりやうますがたの外はと云計のおしへなり。亦草臥てますがたをいるは押手ゆへなり。其時は押手かちにはりかけはりかけ射る。尤当分はます形もはづれ矢もつよく出るといふとも、はやくつぶるゝ事うたがひなし。今迄幾人も見るに、左様になおすは悪敷事也。草臥てますがたへ中る時はみすみにしかけ、勝手強きに堂の内ひろくいこなす事にとくありなん。亦くたびれずしてますがたかちなるゑんのはしへよりておしかくに射べし。

堂の内広く射るとはゑんのはしの方へつねの人々の射る処より一尺もしざりて射る時は、ますがたへあたるほどの矢はくらみにてふくらを取る道理也。尤身通に出る矢も通る也。あとによりては外へ出る事はまれなる事也。くらみを身通にして射る時はそん多し。先づ前へ近し、亦少し外へ高く出る矢はけるなり。前へよりて射る時は所にてなければ損多し。しざりて射れば所ちがひてもとく多し。鈴木万右衛門矢数の時ためしたる事也。證拠多き事也。漸昼の内七ツ過ぎよりしざりて其日天下一ならざるなり。夜の内と一尺あまりちがひたる也。碟や茂左衛門、弓屋次右衛門、助十郎、一色□□、布施新八郎ためしたる也。

『矢数之次第秘伝書』

二）はけ矢…………掃矢、はきや。地上を掃いた矢。

**【十三、離】**

**○（四つ碟では）碟を捻る（日の表）と弦が大指を払い、平付け（日の裏）過ると長高指と薬指とを払う。発射に際しこの二指に弦が当るので直しやすいが、拇指のあり方を直すのは難しい。いずれの場合も離れが鈍いことに問題がある。**

一、碟を捻ると大指をはらひ、ひらみ過ると長高指と薬指とを払うふ事有物也。尤右の二指をはろふは射手に覚る故直

りよし。拇は射手も難レ知直し兼る物也。もちろんいづれも離れの鈍き故也。（鈴木万右衛門の話）

『芸州射芸書』人之巻

**○堂射において弓は真に引き満ちた後に発するものであるということを知らず、ただ早く射ればよいという射は誤りである。**

第十九　弓の実体を知らずして調子早く射る事大なるあやまりなり。早く射るは真似にして真事にあらず。弓は引満ちて放つを至極とすれば、引満つるを実といひ、押手の備へたる所を躰と云ふ。これ的前の実躰なり。差矢の射形は一と引合、二と押きる所実躰なり。遅からず速からず、十二時に一万三千五百発の数量もたがふ事なかるべし。

『矢数精義書』

**○押手が勝手に先立ちて引き込めば、勝手の引き不足や押手勝手の納まりの時機や満ちる拍子の不一致などの状態で離れに至る。これを堂射では〝すぬけ離れ〟といゝ矢勢は得られない。的前でいう早気である。これを矯正するには押手をなよなよと打起し、よはよはと引取れとの教えがあるが、これは押手の力みを控え、引満ちて押手から押し切るためなのである。**

第五十一　ある人のいわく、押手のさきだちてはやくする手前は、勝手の引合たらずしてはなし、又引あはずしてはなれ、又引みつる拍子にあはずしてはなる。これを俗語にすぬけはなれといふ。矢の勢いよはし。もとよりりきみやすき押手はやくする時は、勝手の引合をまたず押手の拍子さきだつゆへなりと勘弁すべし。的前にはやけ〻といふこゝろならんか。弓がまへを前に備ふるは押手をいずくませざるため、又は勝手のつかれをやすめんためなり。一尺引所を二尺ひけばあぐむ損あり。空のかねをさだむるにありしといひしもこれなるべし。勝手に先をとるといふはこのならひの熟せるものなり。押手をなよなよとおこし、よはよはと備ふといふは、押手の力みをひかへおき、引みちておしきる時のいきおひにはなさんためなり。一二の拍子を加へ、一と引みちて二とおしきるも、押手のはやまる所をとゞめて誠のはなれをそなへんためなり。

『矢数精義書』

(一) はやけ…………早気。射術における心的病癖の一つで、詰合に入る以前に離れるか、或は詰合に入っても伸合なく離れる状態。

**○心の伸合とは息合のことをいう。何気なく弓を引取り、心気充実し息を洩らさず“あ”という心持で離すのである。この“あ”は息を吐くというよりも息を発する機であり、発動の根元である。この発射の機というのは、稽古を積んだ射手の息合は平常の息合で、弓手をゆらりと打起し、勝手はふはりと引満ちた末に押手より押し切って離れるのである。一分の詰めに五分の伸びという教えが『紅葉の巻』に出典している。**

第五十七　………こゝろののびあふはいきあひなり。弓引くときに息をはらず、たゞ何となき心にて弓を引みち、はなつときに息をもらさずしてあといふ心なり。あといふはいきあひなり。息をはくといふにはあらず。あは発する機なり。機は発動の由所なり。弓を引とき息を引き胸をはるは、初心のあひだなり。稽古いたりては息あひ常にして弓手をゆらりとおこし、よはよはと備へ、勝手はふはりと引みちておしきるにあり。一分のつめに五分ののびといふ事、紅葉の巻に見へたり。前漢の李廣(二)は射る事世にすぐれたり。斯人の射るには、胸ののびる事猿猴の如し。かるがゆへに猿臂将軍と号し、我朝の為朝は射るに左の腕四寸のびたりといふ(三)も考へるべき事にこそ侍れ。

『矢数精義書』

一）李廣…………りこう。漢の文帝・景帝・武帝に奉仕した。武帝の時代北原太守となる。ある時狩猟に出た折、叢の石を虎と見間違いこれを射たところ鏃は没したが、石と知ってもう一度射直したところ、石に鏃が立つことはなかったという逸話がある。

二）我朝の為朝は…………源為朝。保元時代の武将で、為義の八男で鎮西八郎と称した。保元の乱で奮戦したが敗れ伊豆大島に流された。身体強健で射術に優れていたと伝えられる。

**○心の中で一二三と拍子を取って離れるように心掛ければ"軽はずみ"、的前における早気にはならないものである。**

一、一二三之拍子の事　前に云三つの引受の心也。心の内にて三々と拍子を取て射るなり。是かるはづみつかぬなり。早過る考へは別てよし。

『弓道口伝覚書』

**○一二三の拍子の事とは勝手の方に一と引付、押手の方へ二と押切り三と拍子を取りながら離す稽古をすることをいうが、ともすれば引き・押し・離れが別々のものになる恐れがある。円滑かつ微妙な各動作の流れは筆舌では表現し難いものがある。**

一、一二三の拍子の事　是は前に云打起大切三分一の彎分け、亦は三つの引請よりこゝに至る。一と引付て夫れを推手にて二と押切る時、勝手を推手へとられず、身のうけにて放るゝ也。常の稽古に一二三々々と心に拍子をとりて射習ふなり。身ゑうける時に、弓のそこを射る釣合也。悪く心得ぬれば勝手ゑ引と推手へおすと身と別々になる也。

右に云所の三つのひきうけのはづみにうつる義也。筆力に記しがたき所也。引分を胸の通りまで左右へゆったりとして、胸の通りより急に一と取り、其はづみのがさず二と弓手ゑおしわけ三と身のはづみに放るゝ義なり。

『射法指南』陰巻　走射之術（『青葉巻』陰）（『指矢前修業之巻抄』と校合）

**○初心者の射は力んで息合も詰る場合が多いので、稽古では意識的に息合に意を払うことが大切である。初心者は息込んで力で引こうとするので、かえって息合が詰り、体が凝って円滑な射とならない。また力むと素直な力の働きが出来ず、軽く力強い離れが味わえず、精気のない離れになってしまう。この辺の在りようは筆舌に尽くすことが出来ない以心伝心の世界であり、修行を重ね自得する以外に道はない。**

一、初心には利気味て、息合詰りて拍子に構ふ也。修行の上態と息合とに心を付べし。可レ引矢束も軽く可レ離味ひも態と息合にて利気味ばかりになり、大事の具合を失ふ事多し。仮令息込力を用ひひかんとする故、却て息合詰り、筋骨凝り難レ引。離れの味ひとても引取より直に移りて弓の力も我も誠に生まれたるまゝに延びて、自然と軽く強く離るゝ味ひを、唯利気味身へもたれ死物となり弓の力もどりしだるく成の類也。能々息合と態と具合勘弁すべし。此味ひ筆紙に尽くし難し。誠に以心伝心の場合、修行の上にて後には可レ知事也。

『芸州射芸書』人之巻

**○発射に際し押手は押し伸びるように心掛けることが大切である。押手が（的に向って左方に）開くのはよくない。**

一、押手後へ射開くはあしゝ。唯向へ押延る也。

『芸州射芸書』人之巻

**○弓を引き込んだ後、もたれるのはよくない。また拇指は右肩に付けながらも浮いた気持がよい。拇指が肩に付きながらもたれ、緩みながらはなれると矢勢が出ない。拇指が右肩に付いたならば（躊躇なく）彀に入り離れに至るをよしとする。兎に角居付くことのないようにすることが肝要である。また息合は平常の在り方をよしとする。**

一、肩へ附てもたるゝ(一)はよろしからず。附ては有ながら浮たる心持なるべし。肩へもたれ、下り離れになっては弓の力緩みよわりて矢飛なく、引取より直に附て延て根に入(二)、さっと離るべし。兎角居付事あしゝ。肩へもたれて引留、抱へ留と心得て、弓の力ぬけ居付て離れ重く矢飛あしゝ。矢の段(三)は随分高きがよし。段下ると身へもたれ鈍くなる也。息合詰り、或ははづみてはあしく、平なる元とす。

『芸州射芸書』人之巻

一）もたるゝ……………もたれ。引き込んで発射の機に及んでも心気整わず、いつまでも発射の機が訪れない状態。早気の対。

二）根に入…………彀の意。

三）矢の段…………矢の段割。堂射にあたって使用する矢をあらかじめ重さや太さから八〜十四段階に分類した。記録によれば用意する矢は通常八、五〇〇本であった。

**○脉所（手首）を打つ射手は上押しの弱い射手に多いものである。**

一、手を打は上筋弱くして打多し。（鈴木万右衛門の話）

『芸州射芸書』人之巻

**○素直に矢が飛ばないのは、勝手の掛け口や押手の手の内、または離れに問題がある。**

一、矢色(一)の附は掛口に有。又押手の裏に有。或は離れに有。能々心得べし。(鈴木方右衛門の話)

『芸州射芸書』人之巻

一）矢色…………矢が上下、左右或はすり粉木状態に飛ぶこと。

**○離れに切・払・別・券の四種あるが、堂射では別の離れを用い、射手によって相応の離れを用いるをよしとする。また堂射では強い離れの中に軽い離れがあるを本来とする。この離れの在りようとして、雨露離とか稲葉之露、なしわり、朝ぎりなどという教えがあるが、これらの教えは、要するに離れは軽くさっくりと離せということであり、雨だれが軒からポタリと切れ落ちる様子に譬えられるような味といえよう。**

**その離れの味とは手先や心で離すのではなく、腰や胸の中央から轄で体を割り込むような梨割の離れをいうのである。堂射では小的前のようなしっくりとした射ではないので、その射行の在り方や勝手の各指にも特殊な使いようがある。**

一、離之事　切・払・別・券、(一)四ケ之離之内、別の拳□を用と云ども其主々に寄て相応を用る事各別の大事と知るべし。然と云ども堂前は強き計にては悪敷、強き内にかるくさっくりと離るゝを本とす。いづれの離を用ると云へども、弦の別れには雨露離(二)を用べし。雨露離をさして稲葉之露(三)・なしわり(四)・朝ぎり(五)抔と云流有。かるくさっくりと仕たる処也。たとへばあまだりの切れ落之味なり。離と云処と知るべし。いかにと云に、手にても心にても放さず、腰と胸との〆りくさびに連て思はずわり切離行処也。小的前之ねらい物の如くしずかならざる業なれば、沙流（六）にて弦をおこし、二指をゆるす事あたわざるものなれば、目通にて重ね、大指の腹にて弦をおこし置、勝手肩へ付〆るにつれて肬を後へ廻し口に弐指をゆるすべき也。

『堂前指南覚秘伝之巻』

一）切・払・別・券………せつ・ふつ・べつ・けん。「七、離の事　亦ここに切払別券、此四つに口伝有之。註、切はきる離也。弓手拳へ六分かゝりて離るゝ味也。的のねらひ物に用ゆる也。払ははらふ也。弓手拳は八分かゝりて離るゝ味也。之はくり矢に用ゆる也。別はわかるゝ離也。相わかるゝ也。押手五分勝手五分の味也。之はさし矢に用ゆるぞ。券はつのる離也。左右ともにあいつのりてはなるゝ也。之を鉄の位と云。射ぬき物に用る也。……」。（『本書』第五巻）

二）雨露離………うろり。離れの極意。雨露が草木の葉に宿り、それが遂に雫となって自然と落ちる様子に譬えた離れの極意。「雨露離は水余りてこぼるゝにたとふ。雨露の落つる其心少しも無邪自然位有射形も其心を勘へよとの意也」。（『本書』第五巻）

三）稲葉之露………雨露離に同意。

四）なしわり………梨を真中から半分に割るように、押手勝手の均衡を保ち、胸の中筋から開くように離れること。

五）朝ぎり………一陣の風が朝霧をサッと吹き払ような軽く爽やかな離れをいう。

六）沙流………ゆりながし。「弓手馬手筋骨の兼合残る所なく父母の収まり抱の内に肘力・次骨・重十と十分に気力の満ちたる心を大指の根よりの仕掛で馬手の大指にて放つなり。これゆりながしといふ業の極也。」（『射学輯要』）　「浅き器に水を入れてこぼれざるやうに持つにたとへて云へる事也。一方へ一時にこぼすことを離れの滞なき事にたとへて沙流とは云也」。（『射学輯要』）

**○勝手の拇指が肩に付くや押手を狙い所に当て、押手の拇指を押し上るようにし、弓を伏せるようにねじ懸て押す。また**

**弓を脉所でしっかりと受け、小指を締めるようにして離せば、矢飛びや矢の伸びもよいものである。**

一、押手あしらい之事　肩に付と押手を目附におし当、大指之根にて上へ押上る様に弓之伏様にねじ懸て押べし。むりなく勝手之肱にしたがふべし。かの所々之〆来るに至ては離れと心得、脉処にてしかと請、小指根を丸く〆むる時は、矢の飛・のし味能、下弭も思ふ処に納るものぞ。早入不レ致様に引取延び〆りに連て二の腕を通すべきなり。

『堂前指南覚秘伝之巻』

**○堂射では暗み・桝形を狙い所として朝嵐という離れの教えに従って離せ。**

堂ならばくら見ますがた見定て　くり引合に朝あらし一）にて

『射術教歌書』

一）朝あらし………恰も一陣の朝嵐がサッと吹いて松の枝を払っても松そのものは少しも動かず、松風のみが耳に残り深々と身に沁みるような心境をいう。「嵐の如く涼しくサット放す義に候」。『日置流秘書百七箇条』「勝手一ぱいに切るを云也。軽き上にしっかりと強みを持て切る也。……」。『吉田流弓手前条々』

**○離れは張り合った末に離すをよしとする。左右ともにしっかりと詰合、伸合に至って離すのが理に適った離れである。只釣合ばかりに意を払えば離れは弱くなり、離れを強くとばかり思うと離れが荒くなる。離れは全身で行うものであることをよく稽古で会得することが大切である。**

はなれ口の事

一、詰て引請、張合たる所にてはなるゝ様に稽古可レ有。手前重々詰りたる時は是非とも放るゝ道理也。釣合とて云へば弱く成、強くと云へば荒く成なり。分れは手前惣躰の位なれば能可ニ修学一者也。

『弓稽古委細』

**○堂射の離れは勝手拳の間は八寸をよしとする。**

はなれの事

一、放れ広さニ八寸の物也。

『弓稽古委細』

二）放れ広さ…………「大放と云は、肩﨑（ママ）より三四寸の遠也。小放は肩﨑より二寸の内外に放也。いづれも人により好に寄るべし。物をよく射当る人は多分小放也。大放は心地よく見ゆれ共、矢所違事有と申なり」。（『了俊大草紙』）

**○堂射では（気が急いて）軽はづみの射（的前の早気）になり勝ちなので、しっかりと詰合、伸合の後轂に至って発射することが重要である。**

一、手前は軽く発れば重かるべき事　指矢前はかるはづみなるもの也。大きに悪き事なり。発れに至るとき弓のそこを射んと心にふまへて、はづみにてはなるゝがよきなり。拳の発れを射習べし。まえに云一二三の拍子は、放れのはづみを付る下地なり。心得べし。

『射法指南』陰巻　走射之術（『青葉巻』陰）（大和流『射術稽古聞書』福島家と校合）

○諸落しとは離れた後の押手勝手の納まりようのことをいう。昔の堂射は今日の的前における蹲居姿勢で片膝を立て懸り胴の姿勢で射たものである。したがって押手を突き落すような離れであったため、思うように矢が遠方に届かなかったのである。そこで中胴に構え、勝手も弓手と同じように押し下げて左右の釣合いをとるという在り方となった。しかし本当の諸落しというのは、押手勝手ともに緩みなく放した時、弓手はしっかりと伸び、勝手は矢の反対方向に開くようにすることをいうのである。

一、諸落の事　諸落と云は、推手勝手納の沙汰也。古は堂前を射るに今時的前射の蹲踞を射る如く片膝を立て身を掛りて手先を突出して射たると云へり。故に手先強くして突落矢届かざる也。其時工夫を廻し兎角手先の落る程勝手も落し当分に射て可レ然とて、是を諸落と号し秘伝にして射さする也。然れども諸落と云事如レ此の義に非ず。諸落と云こと推手勝手緩みなく放す時、弓と弦とのはづみにて弓手は伸び勝手直に別れて忽然と開く様に見ゆる也。是を諸落と云。当世の射者是を悪く心得て態と押手勝手に開を付け射也。諸落の事は射術の秘極たれば具に記せず。誠に高上の工夫あるべき也。弓歌に

　諸落心も知らで射人は　鵜の真似したる烏なりけり

　陰陽の悪片釣もなき心こそ　自らなる諸落なり

『大和流弓道地之巻六段第一』

○元和頃の射は手先の方にかゝった状態で射たので、離れの際に手先が落ちるような射であった。このような射は勝手が弱いからであるとして、勝手を下げ気味に大離れとするようになった。このことにより押手勝手の両拳（腕）が下がる

**ような射となった。これを世間では諸落の離れという。しかしこのような射では矢飛びも悪く疲れる。そこで道雪はさし身にして射たものである。諸落がよいといって形だけ真似て、両拳を下げながら発射する射手がいるが、このような射手は諸落の真意を理解していないといえよう。本当の諸落とは、肩から伸び合うにつれて発射し、その勢いに従って押手勝手を開くようにすることによって自然と両拳が落るようになることをいうのである。要するに諸落とは故意に両拳を下げるというのではないということである。**

一、或問曰、両落〻という事如何。

答曰、用不用時に中するの習有。元和の頃の射様は前に云ごとく手先へかゝりて射れば能きとのみ覚て射たる故に、放れて後弓手の手先拳落たり。是勝手の弱き故なりとて、放をさげ切に大きに切たり。それ故に両方一拍子に落てつり合よし。是を諸落と云也。如レ此大藏射たるをみて放れて後に両の手先落てさしかたの如し。然れば本分のさしかたにして手先ひきくつけてひきく射る時は、達者も有べしとて是を修術せしも有ども、矢さしあしく草臥も強し。其後亦落肩にきはまるとて中腹を取て附を高くして射たり。是もかたつりにして不レ宜。依レ之道雪は前に云所のさし身にして射たるなり。大藏の諸落と云は弓歌に

　諸落心もしらで射る人は　鵜のまねしたる烏なりけり

と読める処の弓歌を得心して射出て、元和九歳五月二日、三十三間堂の仏の数千三百三十三本射たり。諸落と云の秘伝は、肩のくひ合ようのびにつれて放れて押手勝手はづみにつれて開くやうにすみかけ落るやうにみゑたる也。もとめてするにあらず。弓歌に

　元和頃のしゃは諸落おとすにあらず理に落る　理に落る時は非思慮にぞのる

此歌の心を能味て知学すべし。

（『射法指南』陽巻（『紅葉巻』陽）（『射術稽古聞書』と校合）

一）両落……………もろおとし。諸落。押手勝手ともにしっかりと伸び、彀に達した瞬間に離れた時、弓手は的方向に伸び勝手拳は矢筋に大離れとなり、左右均衡のとれた射の在りようをいう。「もろおとしとは手先勝手共に放れてさっと左右肩通りよりも下がりたるを申し候。……」。『日置流秘書百七箇条』

**○引き込んで、詰合・伸合・彀に至って離すことを弦に当って放つという。このような経過を経なければ離れに際し押手の方にとられる射となる。鳥が飛び立とうとする時や馬が溝を飛び越えようとする時一瞬溜めて行動するように、矢を放すにあたってもそのような一瞬が必要である。大和流の“あたって放るゝ”とは「的を射るには其的に能く引付て放せば中ると知って離す事、堂射では心に抜けをよく覚えて放事」（『大和流弓道地之巻六段第一』）をいう。**

一、或問曰、当て離るゝと云事ありや。

答曰、はづみの沙汰なり。矢を引詰て放すときに弦をひねりて弦にあたって放つ事なり。如レ是せざれば放れ押手へとらるゝなり。一説には鳥の立ゝんとする時に身をしづめて立あがる。馬の溝を飛とてじっと踏留て飛ぶ。其如く矢を引つめて放すを当って放るゝといへり。当流のあたって放るゝと云は、引つめて放るゝ時のはづみの義也。心に至中して放るゝを云なり。拳の放れよりこゝに至るべし。むつかしき処なり。ひっきょう矢に神を入るゝ事なり。秘伝なり。

（『射法指南』陽之巻（『紅葉巻』）（『射術稽古聞書』と校合）

**○五歩（五分）の詰とは、詰合から勝手を五分伸び合うような心持で発することをいう。たとえば馬が溝を飛び越える時や鳥が飛び立とうとする時、一瞬体勢を整えた後に行動するように、発射にあたっても五分詰めた後にはづみを持たせ発に至ると矢勢が出るようになるものである。このような意図した離れは初心者には必要である。**

一、五歩の詰一）と云事　是は発する時に勝手へ五歩引詰て発すること也。譬ば馬等の溝を飛時に、じっと沈て勢を以て飛が如し。鳥の立も同前。されば矢束も五歩詰てはづみを持たする也。但是は初学の射者の教る法也。芸未熟の内は発にはづみなく軽く放す故に矢勢弱し。故に右の習を教る時は自ら発に力付て矢強くなる也。然れども功者に至ては如レ此は不レ射也。子細は通矢数多也と雖も、つゞいて達者ならざる者也。弓歌

推手より勝手の弱き射手ならば　放せる時に五歩詰て射よ

大矢数望める射手も兎に角に　五歩の詰には射様こそあれ

『大和流弓道地之巻六段第一』

一）五歩の詰………ごべのつめ。五分（部）の詰。詰合から伸合に至る時、左右の拳、左右の肩、及び胸の中筋の五カ所を詰めることをいう。「五部詰の事　弓手の拳陽の詰、左の肩陽の詰、胸、此の胸の詰を専ら大事と心得べし。右の肩陰の詰、馬手の拳陰の詰、右五カ所へ気の満たるを五部の詰といふ。……」。『射法輯要』

**○離れは詰合・伸合・彀に至って発するように稽古することが重要である。釣合だけに気をとられると離れは弱くなり離れを強くしようとすれば荒れる。この辺についてはよく稽古して自得することが肝要である。**

はなれ口之事

一、詰て引、張合たる所にてはなれるやうに稽古可レ有。手前重々詰りたる時は是非共はなるゝ道理也。釣合とて云へば弱く成、強くと云へばあらく成也。然ば手前惣躰の位なれば能可ニ修学一者也。

『指矢之書』

**○堂射における離れの際の勝手拳は八寸の開きをよしとする。**

はなれ之事

一、はなれの広さ八寸のもの也。

『指矢之書』

**○堂射では左右に伸合った後、離れに至って左右の拳は矢筋の方向より若干下がった残身の形となるをよしとする。**

一、生得左右に延有て射さげる事なり。

『指矢之書』

**○伸合から離れに至るまでの動きの留意点について　―岡内木範士の話―**

第七條　離　伸合ひて左の手先が未だ収まらぬ内に、勝手の肘をば平骨の下に詰めるに従ひまして押手より伸び詰りますれば、勝手の拳は引取りました侭にて動かずに肩と一所に胸より開けまして七分に備へました所の左の肩臂は肩の後より力起りまして肩から手先迄十分になります。此際は押手の大指の根本に注意しなくてはなりません。左右の肩は胸と共に左右に開けまして其身の矢束は弓の木中迄満来まして、無思無為にして矢は自然に離れます。矢が離れてから後は其侭押手を引き取り矢を番ふ事前の通りに致して射るので御座います。斯くして十本でも二十本でも射終るまで膝組胴造を緩めずに矢一本油断なく射なくてはなりません。

『差矢前射法精義』

**○小口前における射の運行は、まず引取において勝手の肘先を平骨の下に納まるようにしっかりと引き納める。一方控え気味の押手は左の肩根より十分に押し伸びて矢束は木中まで引き満ち彀に至って自然と離れる。このような射を二十～三十本位射終るまで一本々々丁寧に、彀に至ることを心掛けながら膝組胴造を緩めず稽古することが大切である。小口前稽古における坐位、膝組、肩肌脱ぎ、胸革の掛けよう、左右弽の指しよう、腰掛への腰の掛け様、膝上への矢の置きよう、弣への天鼠の引きよう、胴造、矢番え、手の内、引取、伸合、彀、離などについて弱弓で反復稽古し熟得すべきである。**

七に離　右の如く伸合、左の手先のいまだ収らざる内、勝手の肘を平骨の下へ詰るに随ひ推手より伸詰れば、勝手の拳は引取たる侭にて動かず、肩と共に胸よりひらけ、七分に備たる左の肩臂は肩の後より力おこりて手先まで十分になり《此とき推手の大指の根に心を用べし》、左右の肩は胸と共にひらけ、其身の矢束弓の木中(一)まで満来り、無思無為にして矢自然に離る。矢はなれて後、其侭推手を引取、矢をつがひ前の如く射べし。拾本にても弐拾本にても射終るまで膝組胴造をゆるめず、矢一本一本よく満る所を肝要として稽古すべし。

八方詰(二)　剛々正直(三)　剛無理(3)　汰流(四)

右のごとく膝組より離までの骨法意味をよく会得し、弱き差矢弓にて稽古すべし。まづ射込の前に坐し、膝を組、肩をぬぎ、胸革をかけ、推手勝手の弽をさし《勝手には下がけをさすべし》、腰掛に腰を居へ、ふし根拾本膝に置、弓の弣革にくすねをひき、胴造を極め、矢をつがひ、懸、手の内、引取と右に述る法の如くし、伸合に至て矢束弓の木中に来り矢の離るゝ所の限を味ひ、其骨節のくゐ合をとくと心身に覚へて矢をはずし、又矢をつがひ右の如くし、拾本とも終らば其矢を集て置、又前の如くすべし。

『新書後編射学精要』

一）木中……………きなか。木半とも。弓の側木の部分を言う。「……わが矢づかをば弓の木中へひっかくるほどにするが本義なり」。『高忠聞書』

二）八方詰…………五部の詰（陰の詰―臂力の詰・右肩の詰、胸（重・延）の詰、陽の詰―左肩の詰・剛の詰）に足・腰・腹を加えたもの。すなわち伸合に至っては四方八方に隙間なく力が行きわたっていることをいう。

三）剛々正直・剛無理…………「剛々正直とはすなほにして限もなく強かれと云也。じゃにつよきは力みと云て大きに悪き事也。嫌ふべし。正直に叶たる上はつよきにはあかずといへり。右に云剛々無理と同意也」。『本書』第四巻

四）汰流…………ゆりながし。「弓手馬手筋骨の兼合残る所なく父母の収まり抱の内に肘力・次骨・重十と十分に気力の満ちたる心を大指の根よりの仕掛で馬手の大指にて放つなり。これゆりながしといふ業の極也。」『射学輯要』「浅き器に水を入れてこぼれざるやうに持つにたとへて云へる事也。一方へ一時にこぼすことを離れの滞なき事にたとへて沙流とは云也」。『射学輯要』

**○日置正次や吉田豊綱、同重氏などの先哲は、発には①“はなす”（勝手で離すこと）、②“わるゝ”（生竹のふしを抜いてほかりと打ち割るような感じ）、“はなる”（枇杷の実を指で茎口より押出すように胸の中筋から開くような感じ）の三つあることを教えている。**

第四十九　或人曰く、三ケのはなれとは、はなすとわるゝとはなるとなり。一ケにはなすといふは、勝手にてはなする

なり。二ケにわるゝといふは、生竹のふしを抜てうちわるが如くほかりとわるゝこゝろなりとは日置弾正豊秀の語にて、紅葉の巻に見へたり。枯枝にのぼりておれるが如しとは吉田助左衛門豊綱の語なり。三ケにはなるといふは、枇杷の実を指二ケにて茎口より押出すが如しとは、吉田重氏の語にて、紅葉の巻の注釈にものせたり。此はなるゝといふ理を重氏よりさとり得たればこそ、紅葉の巻の注釈に、勝手は押手にありとかけり。

『矢数精義書』

**○矢ふくら（矢飛びのふくらみ・弾道）が大きかったり発射の間隔があったり、また失の矢の多い射手に対しては押手の力みをなくし、左右の釣合いを見合わせながら押手より離させるようにする。弓というものは指導者の指導によってその在りようを学び、次第に上手になっていくものであり、中でも堂射では指導者の教えが上達するか否かを左右するものである。七千八千射を目指す射手でもその射手の能力や努力の有無によりその矢数に達するか否かは射手本人もわからない。また指導者の後ろ盾がなければその矢数に達するような力をつけることは出来ないものである。**

第五十六　或人の曰く、堂の内矢にふくらをとり、矢のはこびおそくかゝり矢おほき射手は、押手の力む所をなよなよとしづめ、のびあふ所を見あわせ、一二の拍子をあわせつりあひをみくばり、押手にて押きるべし。うちにてこぢあふも、うはすじをとりかくるも、つよくしめかくるも、手首をはねあぐるも、手のうちをたのみおしきるもおほきにあしゝ。ただささへのびきる拍子をあはするまでならんと。

弓の習へは抒引弓より師の介抱にて其道をまなび、次第に上手を得る事なり。中にも矢数のならひは師匠の志にあり。たとひ七千八千をのぞむほどの射手なりとも、抜群のはげみなければ日々に其変ずる所を見あはせ、あまるをへらし、たらぬをくはふる。つりあひみづからしる事かたし。いはんや未純熟の射手は師の後見ならでは及がたし。されど師たる人の、堂上してこゝかしことなおすもみにくし。其師匠の偏屈なれば弟子のわざわひならずや。

『矢数精義書』

**○堂射はともすると軽はずみ（的前における早気と同意）となるので、弓の底を射るという心持で行射することが肝要である。**

一、手前かろく発れは重かるべき事　指矢前はかるはづみになるもの也。大に悪き事也。発れに至る時、弓のそこをいんと心にふまえてはづみてはなるゝがよき也。券の放れを射習ふべし。前に云一二三の拍子は発れのはづみを付る下地也と心得可し。

『指矢前修行之巻抄』

**○四個**（しか）**の離（切・払・別・券）の内、堂射では払う離れを用いること**

放之事

一、切払別券、是を四ケの離と云。堂射には払の離を用べし。口伝に残す。

『日月星巻』

**○陰陽の矩推衍の変という教えがある。これは軽重ということを考えるとよい。すなわち軽い離れは重く、重い離れは軽く離させるようにすることが大切で、軽重太細いずれの矢でも不釣合いなく均衡を保って心身技一致した射のことを陰陽（推手勝手）の矩という。**

一、或問、軽重と云事如何。

答曰、矢の軽重有、射手の軽重有り。陰陽の矩推衍の変と云事有。軽重と云事能考るが専要なり。射手の生つきにかろき放れ有り、重き放れ有り。軽は重く射させ、重きは軽く射させたるが能也。矢の軽きを射て重きをぬくことならぬあり。重きはぬけども軽きを射る事ならぬあり。是はみな放れあらくしてつよみのつかぬ故なり。軽く細き矢も、太き重き矢も自由に射こなしているを陰陽の矩と云なり。陰陽とは推手勝手なり。推手かって片釣りなく心の矩と一致すればいかやうの矢をも射るなり。

『射法指南』陽巻（『紅葉巻』陽）

**○推衍の変とは計りに物を掛け、計りと錘が一致した時のように、押手勝手の釣合いがよくとれて離れることをいう。**

一、推衍の変とは、はかりにてものかけみるに、いづかたにてもかゝりてはかりとおもりとつり合所あり。押手勝手をよくつり合て放るゝ所を推衍の変と云なり。

『射法指南』陽巻（『紅葉巻』陽）

**○軽はずみ（的前における早気に同意）の悪癖が付かないようにするためは、引き込んで一二三と拍子を取って離す稽古をするとよい。**

一、一二三之拍子の事　前に云三つの引受の心也。心の内にて三々と拍子を取りて射るなり。是かるはづみつかぬなり。早過る者へは別てよし。

『弓道口伝覚書』

## 【十四、弓返り】

**〇発射した後の弓の納まりようは、(的前のように)鋭くなく、鉾形に竹筒の中をほっとりと小廻りするように弓返りして押手の拳は少しも動かず、勝手拳も上下前後なく矢筋に離れるをよしとする。**

**その一**

一、放れて弓納り拳形之事　弓の納りと云は、放て弓かゑりするどからず、弓小回りにほこなりたがわずほっとりほっとりとかゑりて拳少も不レ動、竹の筒などの内を弓の返るやうに射る事也。勝手の拳は肩のぐりぐり骨の上下前後なくまっすぐに放れたる拳なり。

『走射青葉目録』(石崎長久文書)

**その二**

一、はなれて弓の治りこぶしなりの事　弓の治りと云は、放れてゆがへりするどからず、弓こまわりにほこなりたがはず、ほっとりほっとりとかへりて拳すこしも不レ動、竹の筒などの中を弓のかへるやうにいることなり。勝手のこぶしは肩のくりくりほねの上下前後なくまっすぐにはなれたるこぶしなり。

『指矢前修業之巻抄』『射術稽古聞書』／『射法指南』陰巻(『青葉巻』陰)と校合)

**○弓返りははずみ過ぎず、くるりと弦の返るをよしとする。**

一、弓返りはつみ過るあしゝ。唯くるりと廻るよし。（鈴木万右衛門の話）

『芸州射芸書』人之巻

**【十五、　残身（心）】**

**○残身とは引取の後、押手勝手が釣合った状態から離れに至って、両拳が上下前後なく矢筋の方向に素直に納まった形をいう。これを拳形という。**

一、放て弓の治拳形の事　放したる跡にてこぶしの高下なく引受たるときのなりに、竹のつゝの中を弓のまわるごとく不同なきを拳形と云也。

『弓道口伝覚書』

**【十六、　射法射術全般】**

**○葛西薗右衛門の堂射は射の基本を体現したもので、（引取から彀に至るまで）弓・体ともにそれなりに伏せ、諸動作は静かで、しかもしっかりと伸び合って離れるという素晴らしいものであった。的前における矢尺はおよそ三尺であったが、堂射では（弓や体を伏せ気味にしたので）五分詰った矢尺であった。この矢尺は大矢尺といえようが、大切三分一を遵守した引取は円滑であった。また疲労し桝形に矢が当るようになった時は、足を組み直すことにより調子を取り戻した。**

……中略……

**吉見台右衛門は弟子葛西薗右衛門が堂射演武を請け負うにあたり、「射手たる者は日頃から素直な心と人を思い遣る気持ちを大切にし、さまざまな職人とも親しくし、その専門分野の（それほど役に立たないと思われるような内容でも一理あるので）秘伝を聞き出し、己れの弓の理論と実際と三味一体となるよう心掛けることが大切である。」という教えを書き取らせたと、碟師茂左衛門は云っている。**

一、葛西薗右衛門手前は指矢前も真の弓の如し。なるほど弓身相応にふし、矢番、弓の取りまわし静にゆとりなく勝手にて成程はり合放るゝなり。掛口は少もりきみ見へず勝手の肩と臂と押手のはり合能見へたり。先身相応の矢束三尺あまりなり。然るを堂にては二尺九寸五分也。大矢束なれども勝手へ付事はやきなり。弦の取はなるほどゆう也。見分は当分に引わくると見ゆれども、大切三分一ニの心なるべし。まづ爰に妙有と見へたり。草臥たる時、前へかゝる事ははらずして肩も入目に成り、ますがたへあたりたる時、其侭押手をはらせずあしをくみ直し、身角にして射せぬれば、所もなおり分おとらざる也。

つねに身弓もふせたる故、矢一寸程ちゞみたり。草臥て惣躰ろくにて枡形射たる時、身角にしても矢のちゞまぬは陽の射に成たる生れつきに少し弱く見ゆる故、諸人押手より手前くづれんといふもあれども、あの射かけ結句くづれたる時の直しおのづから能やうにつもりたる物なるべし。古より指矢は走の手前、陽の躰にて射れば、矢のはたらき恒也。のりて引ときは矢束もよく引る也。はじめより左様に射かけ、くたびれたらばなおし所あるまじき也。心をしづめ弁べき事也。併人によるべき事也。

ゆがけや茂左衛門請合いかけるよひに薗右衛門台右衛門に書物させたり。射手たる者はつねづね気だてよくして諸職人をもなづけ、そのみちみち秘伝をきゝ、わが術と理三義一道の所をとくどうなどなるまじきにあらず。たとへば其得たる道はたい躰ちゐなくみゆれど一理有るなり。ふかくたづね申す可きは諸事の道なり。

『矢数之次第秘伝書』

一）大切三分一…………おおきりさんぶいち。「是は矢束を三つに分けて二つ分を押手へ取る、是を大切と云ふ。大切とは大半と云ふが如し。残る一分を勝手へ取る、是を三分一と云ふ。其押手へ二つと云ふは、弓構の内押手へ一つ打起て押手へ一つ、合せて二つ也。残り一つ彎込む時勝手へ当分に彎き分るなり。是にて左右等分の曲尺に当る也。……」(。『大和流小的全鑑』)

**○浅岡平兵衛の時代（慶長十一年頃）の堂射は指矢前の射法で行っていた。その後腰掛を使用し安坐姿勢で射るようになった。しかし指矢前射法では（数多の矢を射るには）疲れるので伸び上がらないような射法とし、小左近時代になって三つ拍子、すなわち弭拍子・矢番拍子・からみ拍子（発射後本弭を床に付ける拍子、矢を番える拍子、取懸の拍子の意か？）を取って射るようになり、他流でもこれを用いるようになった。また紀州では当初懸り胴で射ていたが、後になって直胴で射るようになったということである。**

浅岡時代は堂前とて射様外になくして指矢手前を以射る。腰掛に腰を懸、右足にかい物をいたし、指矢の如す。然れ共後々は体之骨折を覚て延不レ上して引立なりに□り□□候様に射させ、調子を取て矢むらなきやう射さす。此調子拍子を三つ拍子と云《弭拍子矢番拍子からみ拍子三つなり》を取て射さす。是小左近(一)之時代之射方也。他流多く用レ之。於二南紀一は□初て懸り射る(二)に損ん多き事を□考てすぐ身(三)と成して堂前射形とす。依て近年すぐ身にて射るを紀州堂前と云。

一）小左近…………吉田茂勝。吉田流金沢系吉田左近衛門茂武の嫡男で、寛永六年京都三十三間堂で一、五一二本（惣三、五一二射）、同七年八一三本（惣一、八九九射）、同八年には二、二七一本（三、七〇〇射）で射越天下一を称した。

二）懸り射る…………五胴（反・屈・懸・退・中）のうち懸の胴をいう。

三）すぐ身…………五胴（反・屈・懸・退・中）のうち中（直）の胴をいう。

**〇堂射の射法は元和年間頃に指矢前から（その目的に応じて）変化し確立された。三十三間堂での継縁は山口軍兵衛という射手が嚆矢であり、堂における通り矢数を記録簿に残した最初の射手は浅岡平兵衛という射手であった。その後多くの射手が通り矢数の多寡を競うようになり、多くの通り矢数を得るために弓や矢・弽などの弓具、安坐姿勢や胴造・離など射法射術にもさまざまな工夫が凝らされた。**

一、或問曰、指矢古今別有とは如何。

答曰、元和以来の射法と異なりその習多。上古の指矢とは矢強くさしつめて射るを以て指矢と云。保元頃指矢三町といわれし人（一）有。三十三間堂にて縁継を射る事松平三州公の家臣山口軍兵衛（二）射初たり。松平野州公の家臣浅岡平兵衛通矢五拾壱本射たりしより始まる。其後前の矢数ひたもの射越てより多く射のぼせたり。其時の射形今の的前の踞いるごとく片膝立ているなり。弓手を高く上、胴をかゝりて射るなり。依ㇾ之縁先にてかゝる矢多し。此射様は悪きとて反胴にして放れを大きに切て射たり。然共草臥て数を射る事ならず。伴喜左衛門（三）工夫にて、腰掛をしてよからむとて床几のごとくして腰をかけたり。然共弓の手下つかゆれば手下を切たり。うわかぶき（四）にてあしければとて本末を切つめたり。糟谷左近五）工夫にて押手さすことをす。吉田大蔵六）筒决拾七）と云事を工夫す。是は銅にて大指の形をしてぬいくるむ。小口巻藁を芝射する事、継矢をすること、羽中巻など皆以て大蔵工夫なり。是を中古の射形と元和以来の射形かわるとは云なり。

『射法指南』陽巻（『紅葉巻』陽巻）

一）保元頃指矢三町といわれし人………蕪坂源太。「……此男常に狩する事を業とす。精兵の手きゝにて、二町が程を隔て走る鹿をはずさでこそ射たりけれ。ある時里人集て、それが弓勢のほどを試むるに、差矢三町遠矢は八町をたやすう射わたしければ、さてこそ差矢三町遠矢八町と名づけし。……」。（『本朝軍器考』巻四）

二）山口軍兵衛………越前の松平忠直公に奉仕し、吉田印西に弓術を学び、慶長十六年京都三十三間堂で一一七本通矢した。（『京都三十三間堂矢数帳』）

三）伴喜左衛門………道雪派の祖伴喜左衛門道雪。田辺城主細川藤孝に仕えた。

四）うわかぶき………弓が前傾すること。

五）糟谷左近………加須屋左近武成。始め紀州、後に会津若松藩士となる。道雪派を学び、元和六年京都三十三間堂で五三四本通矢し射越を称した。その後二度、計三度の射越を記録している。（『京都三十三間堂矢数帳』）

六）吉田大蔵………吉田茂氏。金沢藩士で大蔵派の祖。吉田業茂（左近右衛門派の祖）の三男で京都三十三間堂で活躍した。（『京都三十三間堂矢数帳』）

七）筒决拾………つつけっしゅう。堅帽子の弽のこと。

**○堂の射ようについての概略**

一、堂射様の事　まづゐんにつくばひ弓構して弓はづ左の膝のうしろかどへなし、其ひらきたるかまへにて引所へ心をつけて、身割籠、さて手崎（ママ）よりのびにつれてはなるゝやうに可レ射、口伝。

『吉田流指南書』上

**○弦音を弦拍子ともいうが、高く冴えて軽く濁りのないものをよしとする。離れの善し悪しは弦音を聞けばわかるとされている。**

一、弦音（二）は高くさへて濁なく軽きがよし。弦拍子とも云ふ。弦拍子あしくては矢飛ぬけ難し。全く弦音は離れに有事也。尤弓により弦にもよる也。

『芸州射芸書』人之巻

二）弦音……つるね・つるおと。「弦音といふ事　同じ弓にても射やうの善悪に依て弦音各別違ふ物なり。功者の射者は垣を隔ても弦音にて誰が射ると知る也。はなれ、手の内揃ふて弓弦の納りをよく射る時は、弦音自然と楽にかなふと云り。功を積て聴知すべし」。

『射義註解』

**○早過ぎる拍子や遅過ぎる拍子で発射すると射形が崩れたり疲れたりするので、丁度よい離れの拍子とはどういう拍子であるかをよく考え稽古することが肝要である。**

一、射様に三拍子と云て、不拍子にては射前も崩れ、或は草臥になりよろしからず。早きにも拍子（三）有、遅きにも拍子

あり。心得べし（鈴木万右衛門の話）

『芸州射芸書』人之巻

二）拍子…………「射形には惣じて程拍子ありといへども、先づ弓をかまへて打ち上げの間、打ち上げ引き込みの間、引付け手持ちの間、此の三つを三拍子といふなり。拍子に心のつかざれば必ず早気つくものなり。また持ちすごす人も程よき拍子を知らざるゆへなり。……」。（『日置流射学』）

**○単にすぐれた体力や体格にまかせ強弓を引きこなすだけでは、堂を射通すことは出来ない。矢を通すにはまずは釣合いの取れた射形やよい離れ、弓・弦・矢の整合性、射行の拍子などの妙にある。したがって上手な射手は弱弓でも気持ちよく堂を通すことが出来るのに対し、下手な射手は弱弓は勿論のこと、強弓でも堂を射通すことが出来ないものである。特に数多の矢数ではその差がはっきりと出る。要するに強弓に頼らず、弱弓でも矢を遠方に射遣り、堅物を射貫く射術の持ち主こそ弓の上手とし、射術の本意とするのであるということである。**

一、凡堂を射るに、大兵にて弓力の強きにて通るにあらず。第一射形、離れの善悪、弓矢弦の具合、射手相応して夫々相叶程拍子陰陽和合して通り矢の妙有レ之顕る也。さればこそ上手の射手は弱き弓にてもこゝろよく通るに、下手は中々弱弓にて不レ通、又強き弓にても不レ通、殊に矢数になりては百や二百の事にて無レ之故、一昼夜射続出来申さず。能射手は我力より一段も二段も弱き弓にて快和にゆったりゆったりと射かけ通、能力を不レ尽して射続もこゝろよく出来る也。強弓を頼は一躰射術本意にあらず。弱き弓にて矢を射延、堅物も射通すこそ射術の上手ともいふべき也。此所能々可二勘弁一射術の肝要なり。（鈴木万右衛門の話）

『芸州射芸書』人之巻

**○弟子から、昔は己れの射法射術を弓具に合せるようにしていたが、今の射手は弓具を射手の射法射術に合すようになっているというが、この点はどのように考えるべきでしょうか、という質問があった。**

**これに対し師は次のように答えたという。すなわち、昔の弓具はそれ程よいものではなかったので、それを技でカバーしていたものであるが、今はそれが逆の関係になっている。今でも地方で差矢を指導する人を見ると、昔の射法射術を今の弓具を使ってを教えているケースやその逆の教え方も見られる。**

一、門弟問　昔の指矢射手は弓矢弦押手諜の道具は手前を合て射る。今の射手は不レ然。手前によって道具を相応するやうに致し侍るとは如何。

答て曰、是矢数の第一とする処也。古へは巧人鍛錬して諸道具よからず。たとへば矢さしのかいなき弓をば握を取下げて矢の筈を下げて射る様なる類多し。是道具に射形を合する也。今時の射様は一途に走の格（一）を射させて前後上下の矢の違ひ在る時に、弓と矢を以て相応する様に仕掛け侍る。然れども道具に合する射形をよく知りたる後見ならでは射形に合する道具の差別を知る事ならぬ者也。今も田舎辺士にて指矢指南する人を見るに、昔の射形に今の道具を合せて、今の射方に昔の道具を用る類甚多し。

『矢数師資問答』

一）走の格…………射の在りように真・行・草の三品ある。真は　巻藁前・小的前、行は遠矢前・繰矢前・要前、草は指矢前。「東坡がいふ。真は行を生じ、行は草を生ず。真は立つが如し。行は行くが如し。草は走るが如し。夫れよく立ち、よく行きて、よく走るをば未

だ見ず。いふ心は三ツの胴よく射わくる人少しとなり」。(『日置流射学』第六十五)

**○弟子の、的前と指矢前の射法射術に違いがあるか否か、という質問に対し、師は次のように答えた。すなわち的前を表(基本の射?)、指矢前(堂射)を裏(応用の射?)とし、基本の射は左右釣合いを取りながら詰合・伸合・彀に至って離れるという射に対し、応用の射(指矢前)では力みなく打起し、均衡を保ちながら引分け、勝手に一と引き詰め、二と押手に押し切るという射法である。**

**寛永頃の指矢の書には小的前の射法射術に繰矢前のそれを加味した稽古法が記され、それにしたがって稽古していた。承応頃の射を見ると押手勝手の力配分が円滑でないため矢が荒れ、多くの矢を射ることが出来なかったものである。そこで大和流ではふわりと打起し引取に従って、一と勝手に引付け二と押手の方に無理なく押し切ることによって左右均等の力で離すことが出来るようにしたのである。この押手を控え目に引き込み十分に押し切るという技は筆舌に尽し難いところがあるが、要は胸の中筋から左右に伸び合って離せということである。**

一、問曰、的前と指矢前の射形差別如何。

答曰、的矢前を表とし指矢前を裏とす。日置の弓歌に　弓を引弦を引との二つあり　押手張こそ弓を射るなり　是的の射形の教なり。押手をはり惣一盃に引持、雁骨の行合様に射る事、的前にして押手はりこそ弓を射るなれと詠る所也。是を表の躰とす。指矢の射形は的前の裏の躰を用るなり。其射様は、押手力みなく弓を膝の前に立てゝ肩生れ付其侭にして、ふわりと打起し等分に引分る内に一と勝手へ引詰、二と押手へ押切る時に、弓手の七分の肩十分になる。是亦押手はりこそ弓を射るなれ。神なるかな妙なるかな、真草を射形に叶ふ弓歌也。的前は初めを十分に備て、引満て陽中の陰と射る。指矢前は初めを七分に備て引充て十分陰中の陽と射る也。

寛永の頃指矢の書を見るに、的前の射形に繰矢の道理をまじへ射さする故、稽古積る程弓手の肩十分になるに、勝手に負けじと強みを掛け射さする故に、矢もあらく数放れず。承応の頃の指矢の射形を見るに、自ら裏の躰に成たる所も有れ共、根本の裏の躰の理知らざれば弓手の肩を生れに用る事を知らず、はり出す射手多し。大和流には弓を膝の前に立て、打起引分の位等分の内、一と勝手へ引付二と押手へ押切れば、弓手七分のもの十分に放るゝ也。但押手十分とて、無理に肩を押出し射るにはあらず。亦左あればとて肩をくじき弱く射るにあらず。此の訳を書んとするに筆力及ばず。右に云七分の弓手肩を引込て十分の延びにつれて放るゝとて、弓手の肩張出すに非ず。胸の水落の中通りより右の方の胸にて弦をかゝへて弓手にてのし切る時、右の胸ひねる心なれば胴はろく也。是弓と弦と延合、引合十分に放るゝと云もの也。

『矢数師資問答』

〇指矢前射法では左右均等に詰合に入り離れに至るような射法では数多の矢を射ることが出来ず、また疲れるものである。そこで、指矢前では勝手を一と引き込むにあたり七分に控えていた押手を二と押し切るような力配分で離れに至るをよしとする。

・釣合いを取りながらの射の運行では肩根に疲れが来て矢飛び悪く色が出るものである。

・左右の釣合いは理解出来るが押手を張り出す時力みが生じてこじ合い、手前がはづむ（弦の復元力の鋭いこと？）ということを知らないと失敗することがある。

・左右釣合いの取れた引取りでは弱弓でも長時間にわたり数多の矢を疲労なく射る指矢前（堂射）を行うことは難しい。この射法では三月上旬まではよいが、その後は湿気によって（弓が弱り）通矢も少なくなくなるものである。

― 以下略 ―

一、問曰、指矢の射形の損益強弱如何。

答曰、前にも云如く、手前を十分に射るは損也。七分に射るは益也。されば二五十、二五七と云事を得心すべし。二五とて五を二つ合すれば十也。二と五を合すれば七なり。指矢前は七分に射れば数も放れて草臥れず、十分に射れば草臥早く数も放れず。

・十分に手前を射て悪き子細、初めより肩根出すは労おゝき損なり。其弓手の強きに勝手にて張合せんと強く気をくばる故に、勝手早く草臥て矢弱くすぬけとなる。矢に色出くる損也。

・弓の張合と云理は知れ共、押手を張出す力みにこじ合、手前のはづむと云事を知ざる失あり。

・押手を張出す備へにて相応より弱き弓を以て張合せて射る事成ざるものなり。是損なり。十分の備にて正月より三月上旬迄四五六分ぬくるも、次第に湿気に及ぶ程矢弱くなり、ぬけも劣るの損也。

・押手を張出す備へは、しがみ射るにより心くるしむ損なり。

・強弓を引、押手張出す射手は、常の稽古七八分に通り見事なれども、当日には次第にぬけ劣り、日暮まで射詰めても通矢日頃に替る失あり。

・十分の備へにて年月稽古すれば、小口前などは花やかに弓工矢師ともは殊之外誉れとも、余勢なき手前故にいつとなく合比の拍子にはづれ、矢勢おろそかになる損也。

・押手を張出す備は、当日に二千ばかり射出す時肩根もどりぬけ、俄に劣り半途にて止る失あり。右は日頃の稽古手前十分に射る損を記す也。

・是より七分の手前に射る徳を云。前にも云七分の射形は、手の内をしめず二の腕の節をかへさず、手先に勢をつけず、唯ゆらりと打起ふわりと引に随ひ、押手自から力を合て引充、一と引合二と押切る。此備にて射れば労なくして勝手に引合とき、押手勝手も一拍子に放るゝゆへ、放るゝ所自ずから無思無為の理に叶ふなり。一と引二と押すといへば、二拍子のやうに思ふべけれども不レ然。心持を云なり。筆力の不レ及と云はかやうの所なり。

・七分の手前にて稽古勤むれば、未熟より上手に至りやすし。手前花やかならねども稽古の至るに随ひはづむ事を知る故に、相応より強き弓をもあぐまず、相応より遥かに弱き弓をもはづませ射る益あり。

・七分の備にて常に四分五分にぬく射手は、寒気ある内も温気になりても替る事なく四分五分に通れば当日も亦しかり。惣矢思の外放るゝ故に通矢多きを幾人も見たり。七分の備にて肩より労れて止めたるためしなし。然れば惣矢一万の上放し通矢四千以上の射形を見るに、皆生れ付たる侭の手前にて、手前にて七分の備なると知るべし。十分の備にて惣矢を六千と放す射手なく、通矢三千と射たる者を見ず。射手の難には非ず、師匠の教へ悪敷故也。

『矢数師資問答』（宮城県立図書館斎藤報恩会本と校合）

**○諸流派の書には堂射は真射**（小的前）**を体得する障害となるとある。しかし堂射では多くの矢を射ることが出来る、矢番えが早くなる、胸の中筋より開く離れが出来るようになる、胴造が堅固となる、根を挿げた矢の釣合いを覚える、勇気が身につくなどの利点がある。これらの利点は小的前でも身につけることは出来るが堂射に比して難しい。**

一、堂前は射形之障りと云事　諸派之書出と云へども、□は障る事を不レ知。第一矢数懸りて達者に成、第二矢番ひ早く成に徳、第三に胸之開き能覚、第四に胴之備へ能、第五に腰之詰りを能定覚、第六に根矢の釣合を覚へ《押手勝手に有り》第七に□勇気に成徳、是等的に有ながら覚事かたし。

『堂前指南覚秘伝之巻』

○初心者は教えの通りに打起しから詰合・伸合・彀・離れまで落ちついて行射することが大切であり、矢番えから離れまで静かに拍子を揃えるように取りながら稽古すべきである。このようにして稽古を積みながら段々調子を早くして射るようにしていく。特に諸動作の中で矢番えを静かにして行うことが肝心であり、早ければよいというものではない。矢番えを二度三度と繰り返せば拍子が揃わなくなるので、静かに落着いて一度で番えられるように稽古すべきである。

一、指矢前稽古の事　初心之内立前之通り前上に打起し、静に引取、一ぱいに抱て可レ射。矢つがひ、打起、放より拍子静に射習。此の拍子よく揃候様に可レ射。習大形に射習候程段々右之調子をはやく候様に可レ射。矢をつがふ事しづかに可レ致。早き程あしゝ。静にして一度にてつがふ様に可レ射。いそげば二三度もかけはづして拍子不レ揃。

『元心先生秘伝書』

○弟子が師に「現今流行っている堂射の射形を昔のそれと比べて見ると相当の違いがみられる。その意義について流派に主義主張があるかと思いきやそうでもない。かつて元和頃まで日置流の本筋とされた射手の弟子の中の矢数を望む者に伝来の日置流射法射術と違うやり方をする者がおり、このような射手を見て悪く云う人がいる。しかしよく聞いてみると、矢数で惣一を望む由である。このような射手は正統の日置流を学んでおらず、唯射手自身の創意工夫によるものであると思うが、これをどのように考えればよいでしょうか」と質問した。

これに対し師は「自分自身の創意工夫で行射している者は珍しくない。その射手の自己流の射法射術がただ堂射の目的に適っているからである。伝来の日置流の射には理に適った射法射術に見られる花である美しい射形と（数量で表現出来る中りや通り矢という）具体的な結果の優劣という花と実とがあるが、射の形がよいからといって働きがなければ

**問題であるし、形が悪くとも結果がよければよいではないかという考えもある。唯美しい花の後に充実した実が得られるように、事理一致の射を求めるのが理想的な在り方であろう」**と云った。

一、問て、当代はやる矢数の射手の射形を見るに、其姿の不同、雲泥相違有る事を、其流々の形儀なりやと思へば更に其儀にもあらず。過し元和の頃おひまで日置の筋目に相違無き指南とぞ見へし流輩の弟子の内に、日頃矢数の頭人を望む程の心懸け有る者に、日置流に相違の射形をみる。或は勝手の付所抜群低く乳房の通りに引付て離も有、或は左右の肩を縮る事凡そ弓手の小耳を肩に付も有り。此の如くの射形を見ては知るも知らぬも悪ひやうにとこそいへども、矢数を聞けば世の半を過ぎ、或は時の頭人を望むよしなり。然ば師の道正成ることを受るにあらず、唯自身鍛錬に帰するや否や。

答て、自身の鍛錬に帰する事珍しからざる儀也。去共身のかねにかくかくの相違有る事は射形の本意に非ず。唯其の用に順ふ鍛錬尤成べし。然りといへども当家よりは身の曲尺に抜群の違い、左右の肩を小耳に付くるの輩、或は乳房の下に引付るの輩は一向下手の業とこそ見るなれ。去ば射形は花実の業なれば矢数鍛錬の射形を花実二つの内、うまくでき、花にたとえる所の的　巻藁の花形に取てほむべきあらず。又ひとへにそしらんとすれば矢数に功有り。去ばほむるにあらずそしるにあらず、唯矢数射手鍛錬は凡そ筆道を文盲の嘲に似たるべし。

たとへば当代にはやる唐様とやらん、名誉とぞ自慢せし手跡の内に文字恰好沓冠の沙汰とも見へず。凡そ筆勢筆紙の当たり軽重にはあらん。愚目の上よりは唯悪筆ぞと思ひ高上の所に目の至る事あたはずといへども、愚賤の沙汰は贔屓偏頗の言葉に付て、或はほめ或はそしりる事世の習とこそ見へたれ共、能はよきに成るべし。去ば矢数手前も片ちぐなる射形にても大矢数の手柄さへ成るべくは尤なるべし。

『矢数指南師弟問答』（大和郡山市教育委員会蔵本と校合）

**○射始めと射納めの時は、素引きをして心・身・技を離れの寸前である彀に至るまで引き込み、伸び合う稽古をすること。この稽古の目的は堂射でいう軽はずみや的前でいう早気という悪癖を防止するためである。**

一、射掛りの釣合、射納の釣合の事　是は指矢にかるはづみを付まじき教なり。教訓の巻に、素引して放るゝ所の限りを味、是なり。前に云推手勝手身三つの釣合を能心に素引にておぼゑて、さて射かゝる也。射納るには右の釣合を得心して置也。射かゝりと射納めて此如くする時は、早気かるはづみ付ざるもの也。秘中の秘也。

『射法指南』陰巻（『青葉巻』陰）

**○息合については、引く息で打起しつく息で離すべしとする説や、通常の息合で行射せよという説など諸説あるが、当流では口を閉じ鼻で射の運行に障らないような息合をよしとする。**

一、或問、息の事如何。答曰く、真の部に具り。是亦走者専用也。是に色々の説有。引息にて打起つく息にて放べし。一説に息合もうけずしている時は、草臥れ早し、息にさわらず平生躰にて射るが息合と云ものなりともいへり。当流の秘伝は、口をあかず、鼻にて息をつきて勿論息にさわらぬが吉也。

『射法指南』陽之巻（『紅葉巻』）

**○矢に三教の事という教えがある。これは大中小さらにこれに加え軽中重の条件を持った計九種類の矢を準備し、大・太の矢は抜けるが他の矢は射こなせない射手、小・細は射こなせるが、他は射こなせない射手、どのような条件の矢でも射こなせる射手などさまざまおり、これらの射手を上の射手（骨の発）、中の射手（肉の発）、下の射手（皮の発）と称**

**することがある。堂射では押手勝手等分に働くことによって悪癖や痛みも出ない射手を上射と呼んでおり、行射が進むにしたがって状況も変化するので、どのような状況でも対応出来るような射法射術を身につけておくべきである。**

一、矢に三教の事　是は射者の善悪を知るの習也。たとへば射手三人あらば先づ矢を大中小、尤其内軽重三段に拵へ射させ見るに、大き矢計よくぬけて中の矢と細き矢を射る事ならざる射手あり。大中の矢を得射ず細き矢計抜射手ある也。又大中小共によく射る射手あり。右の三段の矢何れもよく射るを上の射手にす。子細は手前正直にして発りきみたるみなく自然と骨の発にて押手勝手等分にして夫々の矢に応じて手前を射る故に矢数を射る節も通矢の悪しきと云事なし。故に上射とす。亦太き矢は相応じ中より下の矢のあはぬを中の射手とす。子細は是も手前は正直なれども肉の発に強過る所ある故、平生に細き矢を請けぬ也。

然れ共矢数に及んで次第に弓もよはり矢も細く成て自ら相応す。是後の頼みある射手なれば中の射手と定む。又細矢計抜射手は下の射手也。子細は皮の発なる故也。手前につよみなくたるみある故強き弓引事ならざる也。其上はなれ弱ければ太き矢届かずして細き矢をぬく也。矢数に及んでも最前より矢細き故に段をおろすべき様也。此如き道理を以て射者の善射を知る事肝要也。弓歌

三段の上中下にも三つ宛の　数は九段あると知るべし

弓と矢と射手にかわれる骨肉皮㈠　口伝知ではならじ大業

『大和流弓道地之巻七段第一』

㈠骨肉皮…………射手の骨力に皮肉骨の三品があり、さらにそれを始中終の三段にわけ、それぞれの性質に応じて、それにふさわしい弓矢を使えとの教え。

## 皮

一、細く弱き人は皮の皮
一、細く弱き弓は皮の皮
二、細く和かなる人は皮の肉
二、細くしだるき矢は皮の肉
三、細く強き人は皮の骨
三、細く強き矢は皮の骨の肉

一、細く冴えたる矢は皮の皮
二、細く和かなる弓は皮の肉
三、細く強き弓は皮の骨

## 肉

一、太く弱き人は肉の皮
一、太く冴えたる矢は肉の皮
二、太く和かなる人は肉の肉
二、太くしだるき矢は肉の肉
三、太く強き人は肉の骨
三、太く強き矢は肉の骨の骨

一、太く弱き弓は肉の皮
二、太く和かなる弓は肉の肉
三、太く強き弓は肉の骨

## 骨

一、強く細き人は骨の皮
一、強く冴えたる矢は骨の皮
二、強くしだるき矢は骨の肉
二、強くしだるき矢は骨の肉
三、強く細き人は骨の骨
三、強く堅き矢は骨の骨

一、強く細き弓は骨の皮
二、強く和かなる弓は骨の肉
三、強く堅き弓は骨の骨

**○夜間の行射に特別の方法があるわけではなく、（昼夜に関係なく）理に適った射を求めるべきである。しかし夜間の射は前板？に背かないように射ることが肝要である。吉田大蔵は夜間の射の時、己れの身通りに目印のものを立て、それを拠り所として打起したという。今も夜間の射では発射した後、弓手を身に引き寄せ、弓を立てる所に一寸位の皮を貼り付け、それを目印に弓を立てゝ射る。（射法・射術においては日中も夜間も違うところはないので）いつも日中を夜間と思い、夜間を日中と思い稽古すべきである。**

一、或問、夜の矩と云こと如何

答曰、凡射に尽く有、其法毎事少異あり。夜の矩は格違様に射ることなり。肩根すなほにしてかげまがらざるが如し。前板に我胸をそむかざる様にするを矩とす。吉田大蔵は我身通りに扇にても竹にても置て、其通りへ弓を打起て射たるなり。今も弓を立る所は皮を指渡し、一寸ばかりにして裏をすきて餅粘にて付て、それを印にして其上に弓を立るなり。但夜は昼とおもい昼は夜と思ふべしとの教なり。

『紅葉巻』（『射法指南陽之巻』射術草ノ部と校合）

**○堂射では調子を取りながら行射することが大切であり、調子が悪ければ円滑な射は出来ず、しかも通り矢数にも影響が出るものである。**

一、調子を取は矢番てより引請まで万事調子を専門に射るよし。調子あしければ手前も不都合也。抜もあしく、又射掛ぬけ矢に受る事也。

『弓稽古委細』

# 第二章　堂射に至る稽古段階

## 【一、巻藁前（小口前・藁砧・射砧）】

**○小口前稽古は弓力をつけ射形を正すことを目的とする。**

一、小口は指矢稽古なり。此稽古を以て弓力をためし手前をなおす也。前廉は射からしの指矢を以て射、次第々々に本稽古にかゝるなり。千変万化より出るなり。

『弓道口伝覚書』

**○小口巻藁の稽古は体力を付け射形を整える堂射の初期の稽古段階の一つである。**

一、小口は指矢の稽古なり。此稽古を以力をためし手前を直也。前かどは射からしの指矢弓(一)を以て可レ射。次第々々に本稽古に掛る也。千変万化より出る也。

『弓稽古委細』（『指矢之書』と校合）

(一) 射からしの指矢弓……射込んだ指矢弓。

**○小口巻藁と射手との距離は指矢弓一張分の長さを原則とする。**

小口前之事　是巻藁より射手の間指矢弓の長たるべし。尤押手堅く拍子付射手等には間合至て近くして為レ射。又拍子不レ付一向不拍子之射手は弓長けより遠くして為レ射るも一つの伝なり。

『指矢前紅葉之巻』

## ○小口巻藁に使用する矢の長さと準備する本数について

一、藁砧を射る時に、角木は我が矢束より三分ほど長くして射るがよし。いまだ押手勝手惣躰にたるみありて矢束彎る射手は如レ此してよし。矢束引かんとして長すぐればひけぬもの也。角木の数は十五本にて射る事常なり。後には二十五本用る。口伝。

『射法指南』

## ○小口巻藁と射手との位置関係、射込む矢所について

一、藁砧向様之事　一間中墨[二]にして少し前に小口を受、水走り矢先高に引受、小口の真中を射よとの教也。此如くして矢の捌ときは堂前にかゝりても矢筋のちがはぬ者也。

『弓道口伝覚書』

二）一間中墨……………いっけんなかずみ。的の星と左右の足の拇指を同一直線上に踏み開く。またその時の両拇指の間隔を身長の約半分とする。中墨とは大工の墨縄という意で、これから転じて中心に通じる線を指す語である。「一間中墨と云ふは先づあて物より一間を我が身の中墨にして射べし」。（『日置流六十ケ條』第一）

**○小口巻藁に対する矢の返りよう刺さりようにより、堂射での矢飛びの在りようを推測することが出来るので、小口巻藁稽古をしっかりと行うことが大切である。**

一、是は指矢巻藁前稽古の時に矢の返り様にて堂の抜の矢筋を観察する習也。譬ば筈上へ反る矢は矢勢弱くして下る矢也。如何となれば矢根先急に下るに依て筈高に立故也。又身通より前へ飛反る矢は是外抜の矢也。根先後の方に立故也。亦後の方へとび反る矢は前へ中る矢也。矢先前へ反るゝ故也。是皆根先の立様に依て可レ考。又射手の身通へ一文字に膝の際へ反る矢は是通矢也。譬ば十本の内に何方へ行矢多ぞと考て射形の格式を直すべき也。弓歌

善悪は射る矢返に有ながら　又は小口の置ぞかし
小口をば残身を曲尺にして　少と前に見て射物と知れ

『大和流弓道地之巻六段第一』

**○小口巻藁への矢の刺さりようにより、堂射における矢飛びの様子がわかる。**

一、或問曰、小口矢返と云事ありや。

答曰、稽古をして抜を知る習なり。是は小口をいさせ、其矢の返をみて射手のぬけをしるとは、矢高くとびかへるとは矢ののしすくなし。前へかへるは外ぬけ、後へかへるは枡形にあたる矢なり。真直に膝先へ筈をつくは矢ののしつよく通矢也と知るべし。是は中古の射手の沙汰なり。小口まきわらを矢の飛返る様にしては数はいられぬものなり。射占を二つも三つもこしらへて矢の飛返らぬやうにして射ざれば指矢の拍子を射ざる事ならぬものなり。

古へはこぐちのそこへ板を入、或はなめしあおりのふるきをあつるなり。俵の口をかゝるやうにして、扨わらを十文字に重ね入て矢をくいしめず飛返らぬ様にして射る事当流の習い也。板もなめしあおりもいらざるなり。

『射術稽古聞書』

**〇小口巻藁を射て、その飛び返る様子から堂射本番の矢飛びの在りようがわかるという。**

一、或問、血の道と云事ありや。

答曰、不レ知射手は不意につかるゝ也。人は気血痰の三つを以て本とす。気めぐらざれば抜を知る習也。是を小口を射させ、其矢のかへり見て射手ぬけを知るとは、矢の高クとびかゑるは矢のびすくなし。前へかゑるは外ぬけ、後へかゑるは枡形に当る矢也。まっすぐに膝先へかへりて筈をつくは矢のしつよく通矢なりと可知也。

是は中古の射の沙汰なり。小口巻藁を矢の飛かへるやうにしては数は射られぬものなり。射占を二つも三つも拵て矢の飛かへらぬやうに射ざれば指矢の拍子を射る事ならぬものなり。古は小口のそこに板を入、或はなめしあをりの古きをあつる。俵の小口をかゝるやうにして、扨藁を竪横十文字に重入て矢をくひしめず飛かゑらぬやうにして射る事当流の習なり。板もなめしもいらぬものなり。

『射法指南』陽巻

**〇小口稽古を行いながら芝矢前稽古で矢の飛びようを観察し、また小口前稽古に戻るという稽古法**

一、小口稽古之内に芝矢を射て矢を射込、かっ合を見物、根こきの野指矢ニを射て矢ふりを直し、矢通りを見、其後本矢に掛るなり。

『弓稽古委細』

一）野指矢……芝矢前で使用する稽古矢で、芝矢、芝差矢ともいう。野外で使用するため折れ矢になる場合が多く、継ぎ矢の出来るように作られている。

**○小口巻藁と射手との位置関係は時代により変化した。**

一、藁砧（こぐち）向ひやうの事　さし矢巻藁はこぐちとも筒巻藁とも、亦は射占とも云也。寛永二十年の頃迄の射様は藁砧を身通よりうしろの方に置て射さする。是は肩をせり出し弓を照し物見をなげ、殊外そりて射たる故也。正保年中の頃より身通にしてよしとて、身通に請て射ればおのづから物見も少ろくになり、身もばつぐんそらずとみへたり。今も田舎にては古の射様を用るも有、なげかわしき事也。当流にては色々せんぎをつめて肩の並あしくしては骨合違ふ事を知り、弓手の肩いで過てはかゑってくじけることを知、枡形じりにてぬくる矢の後附くときに真中を通る様に藁砧より少し前ゑ受て一間中墨にして、矢通は水走先高に引渡して、こぐちの真中に当をよしとするなり。この稽古つのれば堂射る時所をはづさぬ也、口伝有り。

『射法指南』陰之巻　走射之術　上（『走射青葉目録』・『射術稽古聞書』・『指矢修行之巻抄』と校合）

**○小口巻藁射様の手順についての概要　その一**

一に膝組　射込を《差矢稽古の巻藁をいふ。》一間中墨にして身通りより少し前へうけ、左右の肩をぬぎ、胸革を掛、《生質の骨法より胸革に及ばぬもあり》推手《左の手なり》勝手の《右の手なり》韘をさし、腰掛の半分より前の方に腰をかけ《後一ぱいにかくれば腰すわりわろし》、左の足を下に右の足を上にして、左の膝頭少し下がるやうに組べし《肩ためしの時は左の足を上にも組み、或は投げ出しても射試おくべし》。………中略………

右の如く膝組より離までの骨法意味をよく会得し、弱き差矢弓にて稽古すべし。まづ射込の前に座し、膝を組、肩をぬぎ、胸革をかけ、《推手の弽をさしく勝手にはげがけをさすべし》、腰掛に腰を居へ、ふし根ニ拾本膝に置、弓の弣革にくすねをひき、胴造を極め、矢をつがひ、懸、手の内、引取と右に述る法の如くし、伸合に至て矢束弓の木中ニに来りて、矢の離るゝ所の限を味ひ、其骨節のくゐ合をとくと心身に覚えて矢をはずし、又矢をつがひ右の如くし、拾本とも終らば其矢を集て膝に置、又前の如くすべし。

其数は五拾、百、或は弐三百にても意に任すべし《是を素引といふ。数は多きにしかず》。日々稽古し、骨法を覚へて後に矢を発すべし。其法射込の左の方に《射込にむかひて左の方は射込の右なり》矢取をおきて《鞍かけに腰を掛さすべし》射たる矢を一本宛ぬきとらすべし。射終らば《初心の内はふし根拾本、後には二三拾本、あるひは五十百本にても意に任すべし。ふし根長短なきやうにすべし》矢取、矢の根の方を持て筈の方を射手の弓手の上へ出すべし。射手は弓持ながら右の手にて矢を執て膝に置、又前の如く射べし。矢は水走に矢先高に引渡し、射込のまん中を射べし。其数は弐百三百、或は五七百より千四五百まで意に任せて射べし。日々稽古し、矢の数かゝれば弓力生ずるにより、次第に強き弓と取替て射べし。

初心の内は胴造より取掛、伸合に至て其身の矢束弓の木中迄来るをとくと見て矢を発し、一本宛静に射べし。練熟して後は胴造を定め、矢をつがふより取掛、引取、伸合、離と一貫して引取と其侭離るゝやうにみゆれども、引取、伸合の骨法連続し、根合の味ひも其中に籠り、矢自然に離て弦音さへ、弓返りするどからず、弓小廻りに鉾なり違はず、ほっとりほっとりと返りて拳少しも動かず、竹の筒の内を弓の廻るやうになるものなり。勝手の拳は肩のくりくり骨の上下前後なくまっすぐに離る。はなれて後の拳は如何やうにてもくるしからず。射込にても芝にても射かゝりと射納には素引にて矢の離るゝ限の味ひ、骨法をとくと心身に覚へて射かゝり射納べし。右の如くすれば早気、或は軽はづみ付ざるものなり。射形も粗熟せば芝を射べし。芝を射ざれば弓力も出ず達者つかざるものなり。

『射学精要』

一）ふし根…………節根。篦の節の所を根とした矢。
二）木中…………きなか。木半。弓の側木の所をいう。

**○小口巻藁稽古の手順についての概要　その二**

第一　小口前或は射込を射ますには、先づ小口前を一間中墨にしましして身通りよりも少し前に受け身仕度をなし、腰掛に腰を据へ、膝組をなし、棒矢（節矢）十本を膝に置きまして、弓の握革に天鼠を引き、胴造を定めて矢を番ひまして会手の裏引取は前に述べました法則に依って致します。次に伸合となります。此伸合は矢束が弓の木中の所迄来て矢の離るゝ所の限度を能く味ひまして、其骨筋の喰ひ合を頓と心身に悟り得て矢を解するので御座います。夫れより又矢を番ひて同様にし十本共皆終りましたならば又矢を集めて膝に置きましてまた前の如致します。斯くして数十本乃至百本にても数の多きを善と致します。之れ即ち素引で御座います。之を毎日稽古致しまして骨法を稽古覚了致しましてから矢を放すので御座います。

愈々小口前を射ると云ふ段になりますと、小口前に向ひて左の方に矢取を置きます。此矢取は腰を掛けて居りまして、射ました矢を一本宛抜き取るので御座います。初心の間は十本、後には二三十本乃至五十本にても七十本にても射終りましたならば、矢取は根の方を持ちて筈の方射手の弓手の上に出します。そこで射手は左手に弓を持ったなり右の手にて矢を取り膝に置きまして、又前の如く射るので御座います。

矢は水平（水落）に矢先高に引渡しまして小口前の真中を射るので御座います。斯くして矢数のかゝるに従って力も附てまいりますから初めは弱き弓でも次第に強き弓が引ける様になりますから、順次に強い弓に取り替えへて射るので御座います。

初心の中には胴造より取掛け引取伸合に至りまして、其身の矢束が弓の木中迄来ますのを篤と見て矢を放しまして一本宛静かに射試み、熟練して来りますれば胴造より取掛け引取り伸合ひ離れと一貫して引取るや否や其の促離るゝ様に見ゆれ共、引取伸合骨法連続して根合の味も又其中に籠りて居ります。

矢は自然に離れて参りますれば弦音も冴えへ、弓返りは鋭くなり弓は小廻りに鉾形違はずほっとりと返りまして拳は少しも動きません。恰も竹の筒の中を弓が廻る様になります。又勝手の拳は肩のくりくり骨の上下前後なく真直に離れます。離れて後肩はどうであっても開きません。これには小口前にても芝射でありましても射初めと射納めには素引を致して、矢の離るゝ限りの味ひや骨法を能く心身に覚へまして射前にかゝり、或は射納めるので御座います。斯く致しましたならば早気と申すことも、又軽はづみと申すことも附きません。射形大機熟しましたならば芝射にかゝるので御座います。芝射をいたしませんければ弓力も出ません。又矢行の具合や矢のしの加減も知ることが出来ません。

『差矢前射法精義』

## 【二、芝射】

**○野外で六十六間先に白采配を立て、これを通過したか否かを矢見が判定する稽古を芝射前という。**

一、野差矢六拾六間先に白采拝を一本、通矢有レ之時は矢見（一）の衆采拝をふるなり。是采拝を用る事也。

『吉田流印西派射術』

（一）矢見……やみ。箭見、矢検見。通り矢の有無を判定する役員。「若艸やきのふの箭見も木綿うり」宝井其角。

**○芝射実施の折に準備すべき諸用具**

芝行道具之覚

一、矢ため　二本
一、籐巻へら　一つ
一、矢ぞうきん　一つ
一、仕掛苧　一つ
一、歩押　一つ
一、手当　一つ
一、道法（一）　壱つ
一、天鼠革（二）　二つ
一、上天鼠　一つ
一、かる石粉　二つ
一、印肉　壱盛
一、数帖　壱冊

一、わさし　一つ　一、矢ためぞうきん　一つ
一、付木　二三把　一、矢立　筆共ニ
一、薬袋　一つ　気引立入置　一、拍子木　一組
一、火縄
右腰掛の引出に入る
一、替弦　十筋余り　一、みつ縄
一、つくり　弓にくゝり付る也
一、炭薪少々　□子の内に入置
一、腰掛の下に敷板　一枚　外に小板　壱弐枚
一、小たらい　壱つ　一、火鉢　壱つ
一、五とく　壱つ　一、薬鍋　壱つ
一、薬袋　壱つ　一、ひしゃく　壱本
一、小釜　壱つ　一、ちょうちん　ろふそく　共に
一、茶瓶　壱つ　一、茶わん　四五つ
一、御紋付御　壱張　一，時分幕　壱張
一、目付麾　壱つ　一、合采　壱つ
一、　△なた　かま　壱本　一、薄縁　弐三枚
一、△筵　七八枚　一、△押□　一つ

一、縄　大小　弌方

△印　此分前々日より遣し候事

『堂前射人并諸役人以下加勢掟万事心得切紙集』

一）道法…………道宝。弦仕掛を作る時に用いる道具の一で、堅い木の拍子木様のもの二枚で、大きさに決まりはないが、携帯の袋に入れて持ち歩くこともあることから、およそ掌の内に収まる程の大きさである。

二）天鼠革…………天鼠（松脂に燈油を混ぜ煮て練り合わせた粘着力のある物質）を入れる二つ折にした革で、その大きさはおよそ竪一寸六分、横二寸八分位である。

**○小口巻藁でしっかりとした技が身についた上で芝射の稽古に移ることが肝要である。**

巻藁にて心も静に定り拳居り定りたりとけつじやうしたる上にて芝に懸らすべし。決定なき内、芝に懸間敷也。

『射法指南』陰巻（『青葉』陰　と校合）

**○芝射前（折掛）施設の作り方とその稽古の重要性について　その一**

一、芝をさいさい射ざる者は弓力あがらず、達者つかざるものなり。芝射の時は巻藁弓より少強きを以て射る。さいは五十五六間に立て前後なきやうに麾頭ゑ射てやる。證拠木より矢先の縁の木口より六十三間尺寸也。但し六尺三寸を一間とす。後門の所にて闇みの高一丈七尺五寸五分、是矢の峠をとる所なり。此ゆゑに芝を射るには三十三間の所にて折掛の竹を立て、其を芝矢の峠と定て射るなり。

芝矢にて五十五間飛は軽矢にては六十三間は飛行なり。昔は放れに強みをつけんために芝矢を太くす。此故に軽矢にかゝりて病気有。近年芝矢をさのみ太くせざるゆゑに軽矢にうつすに病気なし。初心の時芝射するに、必矢を見おくるものなれば、発といなや矢を見捨てるなり。只手前の格を射んと心掛稽古すべし。

『射法指南』陰巻（『青葉』陰（『青葉巻』・『射法指南陰之巻』走射之術 上 と校合）

**○芝射前（折掛）施設の作り方とその稽古の重要性について　その二**

第二　芝射　芝射に於きましては、弓は小口前よりも少し強きのを用ゆるが宜敷う御座います。されば弓は何張となり次第に分の厚いものを用意して置く必要があります。矢も太からざるものを成る可く沢山用意して置きますれば宜いので御座います。そこで場所は広野或は海浜などの広い所でなければ不便で御座います。そして成るべく石や瓦の無い所を撰ばねばなりません。先づ射前から四五十間先きに長さ四五尺程の采配を身通りに立てまして、其采配の頭を矢が通る様に射るので御座います。

矢を放して仕舞ったならば其侭弓手を引きまして矢を番ひ、姿勢骨法の違はぬ様にして射ます。骨法が正しかったならば放った矢も上下若は前後などに出る事なく真直に来るので御座います。芝射に於ては軽はづみについても又早気などの出勝のもので御座いますから、離るゝ際に当っては軽々敷手先ばかりで致すのでは無く、誠にどっしりと重みを付て致さねばなりません。所謂弓の底を射ることを心に懸けて稽古するのが肝要で御座います。此芝射に熟練しましたならば指矢遠的を射習ふを宜しと致します。

『差矢前射法精義』

### ○芝射前（折掛）施設の作り方とその稽古の重要性について　その三

芝射やうの事　弓は射込を射るより少し強き弓よし《ひけを改置て次第に強き弓と取替べし》。芝矢は太きは悪しく百本弐百本意に任すべし。矢束長短なきやうにすべし。弓矢とも数多きにはしかじ《場所は広野或は浜辺にて射べしく石なき所を撰ぶべし》。射前より四五間先に長さ四五尺許の麾を身通に建《間数に習ありといへども意に任せてよし》、其の麾頭へ射やるべし。矢を発と其の侭弓手を引取、矢をつがひ、身の積骨法の違はぬやうに射べし。古語に、形容直にして影曲らずといへり。骨法正敷時は、発する矢も上下前後の偏なく直なるものなり。芝射は軽はづみ早気など出るものなれば、離に臨んで弓の底を射んと心にふまへて稽古すべし。練熟して後遠的を射べし《人がた的とふ。大的にはあらず》。若又堂射をせば、折掛堂形にて稽古すべし。

『新書後編射学精要』

### ○芝射前・堂形稽古においては発射後矢飛びを注視せず次の動作に移ること　その一

一、芝射堂形手妻之事　芝を射るに、矢が飛か飛ぬかと見送り、堂形をいるにも矢通りたるか通らぬかと跡を見送る事悪き事也。本堂にても此くせなおらぬもの也。後門の枡形尻に心を付て手前の格違はぬやうにと心に持て射放となや手妻（一）に心を配りて射習べし。

『指矢修業之巻抄』

一）手妻……手先、手先の仕事。

**○芝射前・堂形稽古においては発射後矢飛びを注視せず次の動作に移ること　その二**

一、芝射堂形手妻のこと　放て矢行を見おくらぬ様に早く矢つがひに心を付る也。たとひ矢をつがふとも先を見おくらば手妻のさわりとなるべし。

『弓道口伝覚書』

**○肩様しで一万射位出来る力がなければ本堂に上ることは無理である。**

一、肩様仕様之事　先一日に三千射、夫より四千五千、段々数をあげて一万も一両度も能せざれば堂にて肩様ならぬ者也。

『弓道口伝覚書』

## 【三、折掛・堂形】

**○堂射本番では普段の稽古以上の力は発揮出来ないものである。したがって本番で好成績を挙げるには堂形で基本をしっかりと身につけることが大切であり、堂射の名手の多くはこの重要性を知っている。**

一、又問、常に六七分も通る射手、九分の常ぬけをする事ならで年月を送るは、いかなる違にて御座候や。

答曰、是は師の教えよけれども弟子の我侭を射て師の教をうけぬか、又士の不功者なるべし。当分悪く只心に教を受て師弟僉議して稽古せば、百発にて九十通はいつも射べきなり。世間の指矢射手を見るに、常に三分に通せば五分にも通と云ひ、五千放して七千射たりと云、七千射では一万のと云。皆以て師弟共に愚盲の至りなり。何ぞ身に覚なき達者、当日に至りて俄につくべき様なし。不断に不レ通して当日に通るべき様なし。是道理の当然也。矢数の稽古の眼目は何ぞと尋て見べし。達者と通矢也。一万二千の達者有ども一分の抜ならば千二百の通矢なるべし。二千が三千の達者にて皆抜けても漸々三千也。然れば専なき事也。兎角矢数は達者と通矢に在也。

其達者の付くは手前の格を能射さするに在る也。手前の格さへよければ前後の矢のはづれなき道理也。前後のはづれなくて通らぬは高下のある故也。くらみへ射込たる矢は通矢也。其くらみにて通る矢は後には中なげしにて通る。是修行に在。其修行に心得そこないあり。爰の所をよく得心あるべし。今時尾張紀伊国の弓の教は、三十間に異て上手の有様に思へり。何の教に替と云事あるべからず。唯一ツ教のよきと云儀は、堂形を以て指南を致させる事肝要の所也。

片山平右衛門此道理を教へ山科に堂形を拵へ、高山八右衛門ニ是にて稽古致し鍛錬を致ぬ。吉田猪太夫ニ初矢数に六千の余射たりしも、山科の堂にて十四五年の稽古を致せし故也。矢数を被二仰付一の主君は知り玉はねば尤もなり。矢数にとりかゝり大事のなさんと思ふ者、堂形なくて矢数空を掴む損なる事也。此方より其訳を申立てゝ主君持射手は堂形にて稽古すべし。

堂形にて三年稽古すると堂形なくて十年稽古するとかけ合べし。堂形にてぬけぬ処を稽古してぬけの味を知る。疲れに及て射られぬ処を堂形ならでいかで知らるべきぞや。堂形といへる拵むつかしき様に知らぬ人は思ひ侍れども不レ然。射前の所に家根をし、縁をはり、後門の矢ぶくらの処によしずの家根をいたし、桝形を付、矢落の処に射前の縁と同じごとくに水をもりて縁をはり、矢の落る処をば堀て矢見の居る所をば土手を築きあげて其上に居る也。

『矢数師資問答』

一）高山八右衛門…………山科派片岡平右衛門家延の弟子。寛永年間に活躍した堂射の射手で、天下一を三度記録している。

二）吉田猪太夫…………伊太夫。寛文～延宝年間頃活躍した堂射の名手。

**○堂形でしっかりと稽古を行っていれば本堂においても成果が期待出来る。したがって堂形では強弱・細太・軽重など条件のあった弓矢を使った場合や、条件のあわない弓と矢を使って行射することを体験しておくことが大切である。いずれにしても意図して行う稽古であるから、周囲の者たちからの評価に左右されないことである。**

一、小口矢かえりと云事ありや。

答曰、稽古を見て不熟なる故也。是を以て堂形にて稽古をつめたるがよきなり。堂形稽古よければ堂気はつかぬものなり。一日は我が手によく逢たる弓矢を以抜の分を知り、一日は弓のつよめなるに軽き矢をかけて、此ぬけにくき味をこゝみ、一日は弱めなる弓に太き矢をかけて其ぬくるやうに稽古する事肝要也。

太き矢に弱き弓は矢の抜あしけれども射込よし。是にて射込をこゝろむる。強弓に軽き矢はするどにしてけや多し。是を素直に射出す稽古をするなり。此二様を能射る時は手に合たる弓矢にては大ぬきをするなり。見物いかやうに云とも、我心よりもとめてすることなれば評判にかまわぬがよきなり。

『射法指南』陽巻

**○堂射における心の在りようを確固たるものにするためには、堂形で強弱・細太・軽重などさまざまな条件の弓と矢を使った射をしっかりと体験しておくことが大切である。**

一、或問曰、堂射る心持と云事如何。

答曰く、此法を能会せざる時は大事不レ成、且又射者の心を知ると云のならひあり。堂を射る気とて手前へ早くなるか遅くなるかさまざま癖出来物也。是は手前の不熟なる故なり。これを以て堂形を以て稽古をつめたがよきなり。堂形の稽古よければ堂気はつかぬものなり。一日は我手に能くあいたる弓矢を以てぬけの分を知り、一日は弓の強め成に軽き矢を掛、此ぬける味をこゝろみ、一日は弱め成弓にふとき矢をかけて其ぬける様に稽古する事肝要なり。ふとき矢によわき弓は矢の抜あしけれども射込よし。是にて射込をこゝろむ。強き弓に軽き矢はするどにしてけや多し。是をすなおに射出す稽古をするなり。此二様に能射る時は手に合たる弓矢にては大ぬきをするなり。見物いかやうにいうとも我心より求てする事なれば、評判にかまわぬなり。

『射術稽古聞書』

**○折掛・堂形の作り方とそれらを使った稽古における留意点**

折掛堂形并射やうの事　折掛は射前より三十間先の縁幅に竹弐本建、其竹にくら見の高さ（一）に縄を張、其所を矢ぶくらの峠（二）と定めて芝矢を以て射試べし。矢低く出、竹の建たる所にてあがり、矢のして芝をぬふをよしと知るべし。堂形は射前より矢先迄の地面に水を盛て平均し、射前と矢先には板を敷、矢先の板の際より先矢落の所を掘て低くすべし。射前と中程の閣門の所と矢先の矢倉の所と三所には屋根をこしらへ、枡形は木或は藁にてこしらへ、閣門の所のくら見につくべし。矢倉の所には土平或は石垣を築て矢よけをすべし。此堂形を差矢を以て射試べし。

芝折掛を射るには矢の飛か飛ざるかと見送り、堂形を射るには矢の通るか通らぬかと見送る事悪し。本堂にて其癖出るものなり。折掛はくらみの縄張の所、堂形は閣門の枡形じりに心を置て骨法の身の積の違はぬやうに射べし。射発と其侭弓手を引取、矢をつがふべしく《堂の寸法は射を学ぶに次第ある事の條下にあり。其寸法を以て折掛堂形をすべし》。

『新書後編射学精要』

一）くら見の高さ…………くらやみ。暗。堂の南端の柱から北へ数えて二十一本目（四十間、約七十三メートル）の柱の肘木の左側上方の垂木に一尺二寸的がかゝっていることを想定し、これを目標に発射することを稽古した。「暗の高さ一丈七尺五寸五分、暗と云ふは堂の半を云」。（『射術撰要集』巻六）

二）矢ぶくらの峠…………矢飛びの上限。

**○折掛・堂形の作り方　その一**

一、或問、折掛稽古堂形の丈尺如何。

答曰、折掛の稽古と堂形の稽古と各別なり。能可ㇾ会なり。堂形図にあらわす。折掛は竹を以て堂の縁幅に両方に立て、くらみの所にて縄を引張て、其内を芝矢を以て稽古するなり。野指矢稽古は太く重きを射さすれども、当流には芝矢ひきく出てくらみの所より矢ののすをよきとす。是指矢の位なり。芝を縫をよしとす。堂形は射前に板をしき、矢先にも板をしき、水をもりてよしとす。矢先の板のきわよりほりてひきくす。矢倉の所には土手なりとも石垣なりともつきて矢よけをするなり。枡形は木にても藁にてもする。但し枡形はくらみにばかり也。余所にはつくべからず。射前と矢倉には屋根をすべし。其外はいらざるなり。本堂の丈尺高み射法指南の絵図を以て大工に可二申附一なり。とにもかくにも堂形なくして矢数の稽古ははかどらぬものなり。

『射法指南』陽巻

**○折掛・堂形の作り方　その二**

一、或問曰、折掛稽古堂形の丈尺如何。

答曰く、折掛の稽古と堂形の稽古と各別なり。能レ可会。堂形図にあらわす。折掛は竹を以て堂の縁幅両方に立て、くらみの処にて縄を引張て、其の内を芝矢を以て稽古することなり。野ざし矢、いにしへは太く重きを射さすれば当流には左様にはせず、芝矢ひきく出てくらみの処より矢ののすをよしとす。是のさし矢の位なり。芝を縫をよしとす。

堂形は射前に板をしき、矢先に板をしき、水をもりて吉し。矢先の板のきわよりほりてひきくする。矢倉の処にはつくべからず。射目と櫓にはやねをすべし。但しくらみの処はよしにてやねをすべし。其外は不入なり。本堂の丈尺高み射法指南の絵図を以て大工に申付べきなり。とにもかくにも堂形なくして矢数の稽古ははかどらぬものなり。

『射術稽古聞書』

**○折掛・堂形の作り方　その三**

一、折掛の仕様は竹を以て堂の高さえんの幅をつもりて（一）竹を折掛三所ほどに立てよし。又堂形は木を以て拵へ枡形などをもいたし矢のふくらの所にやねをして矢先縁端の所を低く掘べし。矢落ちの場などをも築也。念を入て拵る時は屋根をも皆いたしゐんをもはる也。かくの如くして常に稽古して本堂に移す也。竹尺左に記す。

堂の長さ六十四間一尺八寸六分、椽の小口より小口まで射前の事、南の縁の小口廻り七尺五寸目、縁の幅七尺三寸、釣柱の太さ一尺八分、縁の小口より柱の間五寸七分、一の垂木の高さ地丈六尺三寸、二の垂木高さ一丈五尺九寸八分（異本九）、枡形の高さ一丈七尺五寸五分

『大和流弓道地之巻七段第一』

（一）堂の高さえんの幅をつもりて………本堂の軒の高さや縁幅などを実測して

**○折掛・堂形において悪条件のもとで稽古しておけば、本堂では心よく射ることが出来るものである。**

一、堂形幷折懸等を懸候節は、射前より拾間向ふより柱を立べし。稽古之難渋心苦を致させ置之儀也。稽古之節に致しにくき事を致置けば、当日となりて射能ものと知るべし。難レ射と云は十間向ふ寄柱立時は、堂の中へ射込を世話有也。是に射込つけ置時は堂の中に居るて射放つ事故、射込世話なく堂の中を矢行事故に離の時分之世話なき故に当日となりて矢数も増ものに候。

『堂前指南覚秘伝之巻』

**○堂射を志す射手は芝射・折掛の稽古をしっかりとした後に堂形・本堂へと進むことが肝要である。**

一、折掛堂形本堂事　初学の射者はまず折掛を拵、芝射し矢の正不正を知べし。如レ此して折節はかる矢を射てこころむべし。其後堂形を射て本堂を射べし。初心の時より堂をいたせぬれば病気付て手前ちぢみ矢も多く損じぬるなり。されば稽古の次第右のごとし。功者に至りてもつねに折掛の稽古能也。併手前ちゞむと云説あり。人によるべし。さて折掛の仕様は竹を以て堂の高さゑん幅を積りて竹を折掛三所程に立よし。また堂形は木を以て拵、枡形などもいたし、矢□の所にやねをして矢先ゑんはなの所をひきくほるべし。矢落の棚などをも築也と云。□拵るときはやねをもみな致□んをもはる也。如レ此して常に稽古して本堂にうつすなり。

『極秘伝吉田流三光之書　日月星』

**○堂形施設は紀州、尾州、仙台にしかなかったとする説**

堂形と申ハ紀州尾州仙台に限り、折かけと申ハ白石始所々在レ之由。

『源貞氏耳袋』十ノ九三

**○越後長岡藩の堂形について**

三十三間堂を摸写して行ふて、六十六間に堂形を拵へ、二十本或は貳十五本を以て通し矢を試る。

『越後長岡年中行事懐舊歳記』

**○堂形の作り方　その一**

一、堂形といへば拵えへむつかしき様に知らぬ人は思ひ侍れども不レ然。射前の所に家根をし、縁をはり、後門矢ぶくらの処によしずの家根をいたし、枡形を付、矢落の処に射前の縁と同じごとくに水をもりて縁をはり、矢の落る処ではほりて矢見の居る処をば土手をつきあげて其上に居る也。

『矢数師資問答』

**○堂形の作り方　その二　―閂を設置すること―**

一、堂形稽古場は高さ五寸の板はりに射前をなおすべし。又場の定りなき処にて射る時は、二□敷の板張を作り、高さ五寸の足を付て製し、夫を敷て射べし。尤ひざつきは折べし。是を打板と云。大八が稽古致候節はくはん貫をも入置射させ候。是は京都之堂にはくはん貫[一]入しより下鉾向□時は是に当りがいに成事故、余程後へ退射前を定候。然処退き候□間遠なり損多く候に付、貫につめより下鉾をかゝゆるやうに射、常々稽古致さす事専一と□。

くはん貫を稽古場に作り、是にて稽古致させ候。然れば貫に下鉾当る時は手にこたへ、なん渋に付、おのづから下鉾かゝへ込様に相成り、下鉾かゝへ込に寄て矢の打□し、併矢勢も能なり候得ば、四五寸之遠間はさはりには不㆓相成㆒様に後にはなり候。かへってくはん貫は此方に心得稽古致さす時は、射手のためには能覚、此後もくわん貫入候て稽古人のためになる事かへって多あらんと存る。随分考稽古可ㇾ致候もの也。随分貫近く寄て稽古可ㇾ致候。

『堂前指南覚秘伝之巻』

一）くはん貫…………閂。證拠木のことか?射位の移動を防止するためか、貞享五年長屋六左衛門が設置したとされるもので、膝摺の横木の三尺ほど北側に高さ一尺三〜四寸の角材を横木とした證拠木と称する木枠を設置した。

**○堂形の作り方　その三　射位より十間先に柱を建てゝ射難くして稽古しておけば、堂射本番で射易くなり通り矢数も増えるものである。**

一、堂形并折懸等を懸候節は、射前より拾間向ふより柱を立べし。稽古之難渋心苦を致させ置之儀也。稽古之節に致しにくき事を致置けば、当日となりて射能ものと知るべし。射難きと云は十間向ふに柱立時は堂の中へ射込世話有レ之。是に射込つけ置時は、堂の中に居て射放ツ事故、射込世話なく堂之中を矢行事故に、離之時分之世話なき故に、当日となりて矢数も増ものに候。

『堂前指南覚秘伝之巻』

**○大八郎は堂射本番の真剣味を醸し出すため堂形を堅固に作らせた。**

一、堂形の製は柱数堂に随ふ。後ろの柱数少き歟能と云ども、考るに多なるが稽古之ためには可レ然候。依て大八郎は前之柱数と後の柱も同数に立る。後貫二通前貫三通枡形は板を以作る《形枡形の如く》。小げた大縄矢之損なくして能きよしにて縄にてつくる、かへって悪し。木を以作るべし。

木之方射手之ために可也。いかゞとなれば、堂矢木に当る時は損じ用出ならず。依て当らざる様に心得稽古致事ゆへおのずと指矢とまる。縄の時は矢不レ損故に、油断心出て指矢直りがたきものぞ。依て大八郎は節は随分堅き木にて作らせ候。屋根は小板之大和ぶきかか藁ぶき吉。柱貫けたに当りてもその音併ひゞき共にかるきもの也。鳥居之下地に付てあらわに不レ見様に定め木を伏すべし。是を越矢は皆通り矢とす。其内にとゞまる矢をよどみ矢と云。折懸たりとも同前也。

『堂前指南覚秘伝之巻』

(一) 大和ぶき…………大和葺。杉皮と竹で葺いた屋根。板を一枚おきに上下に張り、その端を少し重ねて葺いたもの。

## 【四、稽古全般】

**○通り矢数を増やす方法について、惣矢数を増やすことにより通り矢数を増やす方法と、惣矢数は少なくても一射々々丁寧に射て通り矢数を増やす方法とがある。**

初矢数には卯の刻(一)より酉の刻(二)にて日矢数を致にあり。一時に千二百宛はなせば七千弐百也。平均三分に廻り、弐千百六十の通り矢也。二度目の矢数には丑の刻(三)より射かけ惣矢壱万放して四分に廻りて四千なり。三度目の矢数には子の刻(四)より射かけて一万二千の矢数を放して五分に廻りて五千五百の通り矢也。四度目の矢数には暮六ツ時より射かけて惣矢一万弐千の矢を放して六分六厘に廻れば天下一也。亦惣矢壱万放れては八分弐厘に廻れば天下一也。是以て見る時は、達者ありて分をとりても通矢多き徳有。達者すぐれずとも分よければ望有。高山八右衛門矢数の時は明六ツ時より暮六ツ時迄六時の間に惣矢八千八百四本発して六千百五十四本の天下一致し得る。是は京都の堂のつもりなり。武州浅草の堂(五)は縁ひきく縁さがりて其徳あるを也。射手のかくして不レ言所なり。然時は堂形以て稽古をはげむ時は初矢数に惣一を射させらると云ふなり。

『射法指南』陰巻(『青葉』陰)

一）卯の刻…………午前六時頃
二）酉の刻…………午後六時頃
三）丑の刻…………午前二時頃
四）子の刻…………午前零時頃
五）武州浅草の堂…………寛永十九年建立され元禄十一年焼失した現在の松が谷一、二丁目（旧松葉町）にあった浅草三十三間堂

# 第三章　堂射の稽古法

## 【一、年刊計画】

**○前年の秋に肩試しを実施をすること**

　肩様之事

凡来年矢数可二射懸一前年十月巻藁ニテ数を放、其人之達者ヲ可レ試。其積リ十月之長夜ニ酉ノ上刻ニ初、明日卯之上刻終。其数九千ニ満ハ上品之達者也。

『堂射巧』

**○朝食前に巻藁前四百射、朝食後芝射前五百～六百射、その後堂に上り二百射行うこと**

一、稽古の事　人による事なれども、早朝巻藁四百計、飯後少休息し、堂へ出、芝五六百射、夫れより堂へ上り指矢二百計射べし。当日一両日前射るあしく芝射てよし。(鈴木万右衛門の話)

『芸州藩射芸書』人之巻

**○小口前（巻藁前）は堂射の基礎となる稽古であり、この稽古で体力や射技をつけながら次第に本格的な堂射の稽古に移る。**

　小口巻藁稽古之事

一、小口は指矢の下稽古なり。此稽古を以力をためし、手前を直也。前かどは射からしの指矢弓を以て可レ射。次第々に本稽古に掛る也。千変万化之より出る也。

『弓稽古委細』

**○芝射前で延矢の可否を試し、野指矢を使って矢飛びの様子を修正した後に本格的に堂矢で稽古を行う。**

芝矢併野指矢ノ事

一、小口稽古之内に芝矢(一)を射て矢を射延、かっ合を見物根こきの野指矢(二)を射て矢ふりを直し、矢通りを見、其後本矢に掛るなり。

『弓稽古委細』

一）芝矢…………しばや。棒矢に似た粗末な作りの矢で、篦は麦粒、羽は鴨の開を用いる。

二）野指矢…………のざしや。野外で数矢を射るため破損が多いことを予測し、継ぎ易いように作られている矢で、堂矢より若干重い。

**○印西派では矢数稽古で使用する弓は、稽古が進むにつれて徐々に強くしていけという教えがある。**

一、矢数段割之事　当流は別而段稽古に大事有。初之千射の時之弓は五寸五分引、二度目千射弓五寸引、三度目四寸五分引、四度目四寸引なり。ケ様に四張の弓にて為レ射、亦二度目か三度目の弓にて三千五百試射て安く射る時は其節当日を三四日の内に可レ極なり。

『指矢前紅葉之巻』

**○多くの矢数を望む射手は巻藁前で数多く射る稽古をすべきである。**

一、数矢を射学んとおもはゞ小口巻藁にて数矢を射べし。

『吉田印流西派射術』

**○堂射の稽古に対する年間計画について　堂射に挑戦するためには一年前の春には野指矢で稽古し、夏には巻藁前の稽古、秋から（野外で）野指矢の稽古、冬になってからは巻藁で射法射術を手直しすると共に数多くの矢を射る稽古をしながら時に応じて数度肩試し（体力の限界まで己を追い込む稽古）をした後、翌年の春に再び野外での稽古を行い、その後に堂射に挑めば成功するであろう。**

一、壱年前に野指の矢を射。是春之内之事也。扨夏に至て巻藁を射、又秋に成て野指矢を射、冬は巻藁にて手前を直、四季の内に肩ためしを五六度も射べし。扨翌年之春野指矢を射、其後堂前へ掛れば能抜るもの也。

『吉田印西派射術』

**○矢数を増やすには、日々の稽古における矢数を計画的に設定することが大切である。**

一、初の程は急に矢数射させ間敷候。急に矢数射さする時は、必ず射ころはす者ぞ。三百五百之間より日々矢数を百弐百と上打、十日之内に先弐千に登らせ、其翌日は百二百にてまかせ、又其翌日より三五百之間より又弐千四五百三千之間を射させ、翌日はとんとやすませ、其翌日より弐百三百之間より三千四千之間に登らせ候様に、次第に矢数を登せ達者を付申事専一候。其内には射かゝり之百之中は初め休みは射手又は其日之品に寄て弐千三千之内にて初休みをいたさすべき也。時に寄て見合初休み百より上にて休ませてよし。是は調子と其日のもよふたるべし。

『堂前指南覚秘伝之巻』

**○矢数を増やすには段階を踏んだ稽古を計画的に行うこと**

一、肩様やうの事　肩様をするとて一概に射ることあしゝ。先二時に三千ほどさせて四時に五千ほど射させて、明け六ツ迄射させてみるに、始は一時に千宛つもり六千はなす。其後は一時に千二百宛のつもり、七千二百はなす。其後は千三百づゝの積り七千八百、如レ此手妻きゝてくたびれぬものなり。其時昼夜の肩様を射させみるべし。如レ此度々射さする時は達者は次第につくものなり。達者附てぬけ矢をせるには堂形をさいさい射るにあり。とかく矢数は堂形なくてはならぬものと云義を合点すること肝要なり。

『射法指南』陰巻（『走射青葉目録』と校合）

**○一刻に千五百射射ることの出来る射手を上の射手、千射射ることの出来る射手を中の射手、七百~八百射しか射ることの出来ない射手を下の射手という。したがって上の射手は大矢数で一万五千本射ることが出来る計算となる。**

一、篭口にて稽古に一日も数を射て見るに、凡一時のうちに上の射手千五百、中の射手千、下の射手七八百の積り也。上の射手昼夜十二時に一万五千迄は射られし也。

『芸州射芸書』人之巻

**○大和流では帖前から始まり徐々に矢数の多い種目に挑戦する。射手は通常巻藁前で十八万射程稽古した後的前か堂射いずれかを専門的に稽古する。この十八万射の稽古の内容は、まずおおまかな基本を守る以外はあまりかまわず毎日二百射稽古すれば一年で六万射、二年目には正しい射法射術を心掛け一年で六万射、さらに三年目も緩みに留意し一日に二百射、計六万射行えば三年間で十八万射となる。この間人に稽古をみせず、決して的を射てはならない。その後は的前では中りを教え、堂射の場合は芝射を行わせた後に帖前をさせれば容易にその目的を達することが出来るものである。**

一、当流には帖前より始め百射千射矢数とのぼり、其上はには天下の惣一をも望む也。惣而弓の稽古は十八万の矢を発て其後に的前になり共指矢前になり供したつる也。我若かりし時は門弟を仕立つるに此教を違へずと云共、如ㇾ此勤る門弟もなく此方にも教おろそかになりてよき射手も侍らず。其教の次第は大概胴造肩のろくを直し、其外はかまはず、一日に二百づゝ稽古、其身の心に任せ弱き弓にて射さすれば、十月に六万の矢数也。必脇より直す事なかれと禁ずべし。

二年目に手の内陸を直し、十分に引満て、手前の直を違へぬ様に毎日二百づゝ射さすれば一年に六万の稽古也。三年目に至て弥早くなくなり、形ゆるまぬやうにしかけて毎日二百宛射さすれば亦六万也。合て三年に十八万の修行也。此内は人に射形を見する事なく的をも射る事なかれ。十八万の稽古みてば的前に仕立るは的の中りを教て的を射さする。指矢に仕立つるは当流の教の通走射の陰の如く仕立て、芝射を見て通矢見ゆるときに帖前を致さしむれば、帖前といふても容易成る事にあらずと不知人の謂は不論とする也。

『矢数師資問答』

**○香山の嫡子が堂射に挑戦するまでの三年計画の実例 ― 巻藁前で一年目、二年目各五十四万射行い、前年の冬に堂形**

**で日矢数六千射実施。翌年の春に肩試しを経験し一万射程を経験した後堂形で矢を通すことを覚え十五歳にして千射五一七本射通した。**

一、門弟問曰、貴翁器量の弟子有て矢数射手取立玉ふ積りは如何。

答曰、指矢前の格能教たてゝ一日に千六百の稽古を一年つとめて五十四万也。二年目にも五十四万の稽古落さず勤めて其冬堂形矢数を明六ツより暮六ツ迄射さすべし。惣矢六千放し四分にまわりて通矢二千四百也。又其翌年も五十四万の稽古落さず、扨四月五月の日の永き時に肩ためしを見るべし。一万は放るべし。夫よりは堂形を以てぬけを試て本堂の矢数を射さすべし。

某が嫡子こ十歳の時より指矢を射させ、十五歳の時肩ためし致させけるに、一万千五百発し侍る。矢尺二尺六寸引けるを、堂矢二尺六寸五寸ありし。暮の矢の払矢を調て、千射を致させ侍るに、千発にて五百十七本通す。其頃迄は十五歳にて本堂の千射を致たる事前代未聞也。板倉内膳正殿扶助に預り、矢数申付らるべきを、程なく逝去故に矢数仕る事ならずして止ぬ。其頃江戸の堂千射をして八百五十七の通矢を射たり。惣矢一万二千の達者在ければ、七分に廻りても八千四百の通矢は常にあり。是は堂形なくてさへ如レ斯。まして堂形を以て仕立侍れば、大抵の弓力大抵の矢尺にて其身の気根さへあらば、達者は直しの格を能せば一万余の矢はなるゝ者也。但し堂形の稽古を勤ては五年にて六千の通矢を射るを、堂形なければ十年かゝると知るべし。

『矢数師資問答』

二）某が嫡子…………香山の嫡子森川彦左衛門尉信一、有似軒。森川香山の嫡男で、八歳より大和流を学びその技抜群で、浅草三十三間堂において八五七本通した記録を持っている。これにより父香山は唯授一人の秘隠を伝えた。また文才に富み多くの弓書を編纂した

が元禄七年三七歳の若さだで父に先だった

**【二、巻藁前・芝射前・折掛・堂形などの稽古法とその留意点】**

**○芝射前で使う矢は堂形や堂射で使う矢より重く太いものをよしとする考えがあるが、堂形や堂射で悪癖が出るので大和流では巻藁前で使用する矢より少し太く重い矢を使用し、弓も巻藁前で使用する弓より少し強めの弓を使う。なお堂形における稽古は堂における狙いや矢ぶくらの峠を体得するには不可欠の稽古である。**

一、問曰、芝矢を重く太くして射さするものあり。当流には不レ然。此善悪如何。

答曰、芝矢を太く重くすることは、放れに強みを付ん為也。矢重ければ放れ大きに放せよと教る也。然れ共矢飛ざるにより手先を押上る癖を求む。其上軽矢に移す時細矢はためて射る事ならず、病気付く。又芝矢の高下の位不定の損有。当流は芝矢をさのみ重くふとくせず弓は小口弓より少し強きを射さする。證拠木より矢先縁の木口迄六十弐間一尺三寸、後門の所くらみの高さ一丈七尺五寸五分也。是を峠の格と定て射る也。芝矢にて五十間飛ば、慥矢にて六十間心易く飛行する也。此の矢ふくらの峠などを堂形にては芝矢を以て不断に知るなれば、堂形程重宝なる事なし。

『矢数師資問答』

**○新しい弓を五月末に堂射で使用したいのであれば、射込む時期は正月から二月頃に村師を呼んで荒木弓（新弓）を射込**

**ませながら調整し数日かけて安定させる。さらに荒村、中村などを経て堂射当日の半月前頃の湿気のない日を選んで小村を行い堂弓として仕上げていく。**

一、問曰、荒木射込の事　自身せず人に射込する事よしと示し玉ふ、心得がたし、如何。

答曰、新木射込事当日の一両月前にすべからずと云へる事也。仮令ば五月の末を当日と心懸たるには、正二月の頃には自身に射込も達者のためによはし。射込時は村師を呼寄、初て五本十本射て陸を試み、強弱を直させ、弓の落ち付く程を見合せ、多く射らるゝ弓、すくなく射てよき弓を考べし。兎角弓のすわり次第なり。一日に極べからず。二日も三日も張すへて弓のすわりを可レ見。

新木を自身射て弓前悪敷成たると云は、弓強き故に肩根を張出し、胸をせり、勝手の放れももぎり等すれば五百とも射れば手前悪敷なりて実体をとり失ふもの也。依レ之三月よりは自身に新射込べからずと云事也。弓の村を抜く事は正二月より荒村より荒村抜、射込、中村をぬきての後堂にかけて弓の勝劣を見る也。せんぐりに五張も張極て紙袋に入、あま高くからし、当日の十四五日も前方湿なき時分を考、小村をぬき、極る事肝要也。

『矢数師資問答』

**○折掛と堂形の設営とその稽古の意義について**

第四　折掛堂形　折掛堂形は堂射と少しも変りは御座いません。又之レ区別を立てゝ折掛と堂形とに別けて稽古をする事もありませぬから、別々に説明致します。折掛と申しますのは射場より三十間先きに堂の縁幅に竹を二本立てまして、其竹に闇見の高さに縄を張ります。闇見とは縁の天井を斜になっております所の檐で御座います。此所が矢の膨む極度として練習致します。即ち最初には矢は低く出て此丈の立てある折掛の所にて矢はのして芝を縫ふが如く矢の行くを好しと致します。堂形の方に於きましては射場と矢先迄の処を全く平に致します。

矢とは矢の行くべき所なれば、即ち堂の長さに相当致しますから、六十四間余りあります。射場と矢先とには板を敷きます。此矢先の端には堀を拵へまして低くして置きます。つまりこれも堂の縁に似せる為で御座ます。又射場と折掛のある所、即ち三十間の所で、此所を閣門と申します。此の閣門の所と矢倉との三ケ所には屋根を拵へます。矢倉、即ち矢先の側方に矢の通否を検査する所として土塀、或は石垣を築きまして矢除けと致します。

此折掛堂形は全然堂矢を以て試験致します。但し折掛を射る際には闇見の折掛の処を主眼として矢を放し矢の飛び行く先々迄見送っては宜敷う御座いません。堂形を射ます際には閣門の処を限度と定めまして、夫より先矢の通るか通らぬかを見送るのも宜敷う御座いません。つまり本堂に昇りましても其癖の出易いものであるからで御座います。折掛に於ては闇見の縄張りの所、堂形に於ては閣門の所に心を置いて骨法や姿勢を違はぬ様に射習ひまして射放すと、其侭弓手を引き寄せ矢を番ひまして次の矢を放します。此等の稽古に熟達せば堂に昇て射ても差支ない様になります。

『差矢前射法精義』

**○折掛の作り方について**

一、折掛之事　始めは拾間向ふ寄始め三本立候て射さすべし。是かまひに不レ成様に成候時、壱本増二本ましに可レ立。三本よりうへ立る時はあだなる処へは不レ可レ立。矢ぶくらをおさへのために立て、矢ぶくらを吉処へさへやるべし。常之折掛にてやぶくら押さゑかねば、外の柱よりは其処をみじかくして押さゆべし。矢ぶくら直り後同様にすべし。矢ぶくらは四十五間五十間之間可レ然歟。射手にも寄べし。其時に至り考先専一なり。鳥居木は折掛の終柱に付て立べし。気の届き兼射手には柱より少し相応に退けて立て可也。折掛の高下縁はば堂前木竹主の好に任べし。

『堂前指南覚秘伝之巻』

**○芝矢前を実施するには前年より巻藁前で日矢数を行い、寒中暮から夜間の稽古を約一ヵ月行い調子を見て、さらに夕方六時より翌日の午前六時まで夜矢数の稽古をする。その間疲労して矢束が取れなくなったり体の痛みなどが出れば休ませる。また射手が疲労や痛みでその場に伏せるようならば、体に着物を着せかける。なお夜間の稽古を実施した翌日は休ませるようにすることが大切である。**

一、芝に懸んと存る前年は折々小口之矢数日矢数射さすべき也。常々寒中には暮頃より夜分之稽古三十日には無二懈怠一可レ射。其の内調子見入、暮六つより明六つ時まで之稽古有べし。尤其内に両三度掛声を仕まくりを射さすべし。尓し不時来とも、射手之草臥強、又は痛所出来ば休ませ可レ申候。但し度重り以上にては草臥に寄、世話人不レ残声を懸、いさめるむりを射さすべし。

痛とても同前。如レ斯くおし立いさめ射させ候ても乳通までも得不レ引時は休ませても吉也。当日前年等はたおれふして其座にて寝入候までも射させ、其座にふし候へばうすきものをきせ置側より心付、其きせたるものあたゝまり候ば又きせ、それ又あたゝまり候はゞ夜着にて着する様にすべし。則あつく着をあたゝめ申候事不レ宜。此節は不レ及レ申、常之夜矢数たりとも翌日は休ませ可レ申候事吉也。

『堂前指南覚秘伝之巻』

**○堂射の射手を育てるには心身技のしっかりとしている者に、弱い弓で射法射術の基本を学ばせ、巻藁稽古からあれこれ悩むことなく辛抱強く稽古させた後弓力をあげ的前を行なわせ、さらに堂射を希望する射手には半的でさらに辛抱させることである。兎に角堂射の稽古は辛抱なくては出来ないということを知るべきである。**

一、堂前は達者を第一とする事なれば、堂射手にせんと心得、取立るの射手をば自分之力より弱き弓にて体と押手勝手をきわめ、くったくのしんぼうを初めの巻藁より致させ、其上にて弓の力もあげて的にかけ、心味ほどよき時分より小口にかけて射すべし。途中より堂前を好む射手は先半的をかけてしんぼう致させ、其上にて小口にかくる事吉也。しんぼう堪忍なくては堂前を射□事難ㇾ成と知るべし。

『堂前指南覚秘伝之巻』

**○芝射前の麾は最初四十八間に立てることから始まり五十間、五十三間〜七十間と伸ばしていき、さらには折掛の稽古と交互に行うようにし、次第に折掛の稽古に移行していく。芝射前が十分に出来ていない射手に早くから折掛の稽古をさせてはならない。**

一、芝に懸り目附麾立処は初の程は四十八間を最初とす。是に矢揃矢所定り候はゞ二間遠くして五十間に立る。此間にて矢揃麾通にとゞく様に成らば五十三間に立。又同成時は五間遠くなして五十八間に立。又同成る時は二間遠くして六十間立。又同成る時は六十六間に立心見、其上体のすわり万端かたまりしと見へ候はゞ、射形調時は七十間に立て射すべし。此時に至らば六十六間を洛陽と定め、矢ぶくら矢の落味能なる時は折懸を懸て射すべき也。芝と折懸と日交に射さす内、其仁の射形万端に寄て芝を数射させ、折懸を数すくなく射するも有べし。是は其時、又射手に寄るべし。いづれ次第に折懸の方へうつすべし。片寄て折懸の初めの内に射さする時は、かならず曲の出るものと知るべし。

『堂前指南覚秘伝之巻』

**○ 堂射におけるインターバルトレーニング法**　**いきなり多くの矢数を射させないことが肝心である。最初は三百～五百射位から少しづゝ矢数を増やし、また矢数を前に戻しその後前よりさらに多くの矢数を行わせるようにする稽古を反復繰り返す。また一定の休養日を設定したり、時には体力限界まで追い込む稽古などして次第に矢数を多くしていくようにする。**

一、初の程は急に矢数射させ間敷候。急に矢数射さする時は必ず射ころばすものぞ。三百五百之間より日々矢数を百二百と上行、十日之内に千二百に登らせ、其の翌日は百二百にておかせ、又其翌日より三五百之間より又二千四五百、三千之間を射させ、翌日はとんとやすませ、其翌日より二百三百之間より三千四千之間に登らせ候様に次第に矢数を登せ、達者を付申事専一に候。其内には射かゝりの百之中は初め休みは射手、又は其日之品に寄て二十三十之内にて初休みをいたすべき也。時に寄て見合、初休み百より上にて休ませてよし。是は調子と其日のもよふたるべし。

『堂前指南覚秘伝之巻』

**○巻藁前でしっかりとした技を身につけた上で芝射前に移行すべきこと**

一、巻藁にて心も静に定り、拳居り定りたりとけつじょういたしたる上にて芝に懸らすべし。決定なき内に芝に懸間敷也。

『堂前指南覚秘伝之巻』

**○巻藁に対する射位がその都度違っていると、芝射前でその癖が出て折角の麾の高さや印紙（付紙）の意味がなくなってしまう。**

一、巻藁より三四尺之間を立場と云。右を心得、自ら心能き立所と立て、常々□□きなく同じ所に可レ立。立場日々違ふ時はせっかく麾之高さ間を以割出し、印紙を付と云へども、せんなき事と可二心得一。

『堂前指南覚秘伝之巻』

**○千射や日矢数など日中に行う種目でも、堂射の射手ならば堂射稽古の折に夜間篝火を焚いた場所での行射経験をしておくべきである。**

一、当日相勤る射手は前年に折々夜分の稽古も致させ心見べし。是を篝之稽古とぞ。堂射手ならばたとい当日を不レ勤、千射日矢数之面々たりとも、堂形に懸り候はゞ篝の稽古致置事可レ置レ覚候。

『堂前指南覚秘伝之巻』

**○本番当日使用する弓の弝合は五寸三分を本来とする。**

一、当日の弓の笆の事　何れも五寸三分を本とする也。たとへば矢数五千迄はいか様の不達者なる射手も笆は下る事及ざるなり。矢数五千を越人は、笆を二分下りにするなり。然といへ共射手の達者次第にて其矢振りを考て笆を下る事肝要なり。

『石堂竹林流印可之書』

**○矢番えから離れまで調子よく行射出来ない時は射術に問題があり、通り矢も少ないものである。したがって堂射では調子よく行射出来るように留意することが大切である。**

調子ヲ取事

一、調子を取は矢番てより引請まで万事調子を専に射るよし。調子あしければ手前も不都合也。抜もあしく、又射掛けぬけ矢に受る事也。

『弓稽古委細』

**○一刻にどれ程射ることが出来るかを試す一時せり（一息に射られるまで射る稽古）という稽古では、序破急の理に適うように行射し、このような稽古を反復重ねていけば、後には一昼夜に万余の矢数を射ることが出来るようになるものである。**

一、一時せりの事　一時に何ほど射ると云ことを試みるあまり、せらずにゆだんなく百か二百ほどにて序破急こにうつりかへて射る也。此如くせざればかるはづみのつきたがる者也。此如く試るに、初めは一時に五百六百射るなれども、のちは日長ければ千八百九百も射らるゝ者也。此如くならざれば一昼夜に一万余の矢数は射られぬ也。

『弓道口伝覚書』

（注）序破急…………芸事の世界においては速度の三区分をいう。「序」はゆっくり、「破」は遅くもなく早くもなく、「急」は早く。

**○息せりをひたすら続けていれば、少しづゝ数多くの矢を発することが出来るようになり、また疲労も少なくなる。さらに草臥れて矢束が取れないようになってもそれに耐えて頑張れば道が開けるものである。この頑張りの有無が堂射の達者か否かの重要な分かれ道となるのである。**

一、息せりの事　矢は拾本にても二拾本にても三拾本にても射る息をつかずいらるゝ迄射。始は矢四五拾にてつぶるゝと雖、ひたものこいれば百にても草臥ず。さて草臥て矢ひけぬ時に小びけにて射はそこにて矢ひかれるものなり。左様のこと幾度もあるをこらへていれば、後には四百も五百も一息に射るゝものなり。是達者をわくるのしかけなり。当日暮に至っての射様なり。

『射術稽古聞書』

（注）ひたもの…………ひたすら、一途に。

**○一時（二刻）にどれ程の射られるかをためす稽古に一時せりという稽古法がある。最初は五百～六百射位であってもひたすら稽古すれば、やがて七百～千射、さらには二千射も射ることが出来るようになるが、このような時往々にして軽はずみの射になることがあるので注意が必要である。**

一、一時せりと云は、一時の内に矢何程いらるゝとためしみる事なり。時計か常香にて盛ておきためすべし。一時に五百六百やうやう射れども、ひたものいれば七百八百が千にのぼり、それより二千の上をはなるゝ也。此時にかるはづみつくものなれば、其考へをして射さすべきなり。

『射術稽古聞書』（『射法指南』陰巻・『青葉巻』陰（『指矢修業之巻抄』・『走射青葉目録』などと校合）

**○矢数を増やすには、二時（二刻）に三千射、四時（四刻）に五千射位、さらに午前六時頃から夕方六時頃まで射させると、当初は一刻に千射位であったものが、その後稽古を重ねる毎に一刻に千二百、千三百射と射ることが出来るようになる。また堂形での稽古は堂射の稽古には不可欠な稽古法である。**

一、肩様しやうの事　肩様をするとて一概に射ること悪し。先二時に三千射させて四時に五千程いさせて明六より暮迄いさせみるに、始は一時に千づゝの積り六千はなす。其後一時千二百の積り七千二百はなす。其後に一時に千三百宛の積り七千八百、如レ此に手つまきゝてくたびれぬものなり。其時昼夜の肩様をいさせみべし。如レ此に度々いさするときは達者次第につくものなり。達者つきてぬけ矢をせるには堂形をさいさい射るに有。とかく矢数は堂形なくてはならぬものと云義を合点する事肝要なり。（大和流『指矢前修業之巻抄』と校合）

『射術稽古聞書』

**○堂射に挑むにあたり、射手が日々行うべき稽古法や小口前稽古において射るべき矢数について**

一、矢数練磨の修学は毎朝六ツ前に起て我が身をつくろひ弓矢喋巻藁の悪所あらば能直し腰掛になをり、先形のくつろぐ迄素引して、肩肘筋骨和合する時に弓と矢と揩き休み、角木を脉の上に取、惣躰の曲尺を合せ、矢束一盃身に覚るほど引つめて、よく抱て離れも大に切り発して、十本か二十本射て休て気血循環を調べとりかゝり、休みなくさらさらと一度に二三百発す可し。亦休て三百も五百も射るなり。毎日の稽古修行の仕様は、初日には朝五百、昼六百、晩四百、合て千五百なり。二日目の朝六百、昼七百、晩に五百、合て千八百なり。三日目には朝七百、昼八百、晩に六百、合て二千百なり。此の如く射て四日目には元の千五百にかゑり、右のごとく段々射のぼすべし。十日一返づゝ一息せりすべし。一ケ月に三度なり。其内一時射の稽古致す可きなり。二ケ月に一度づゝ卯の刻より酉の刻迄肩様致す可し。是根を深く臍を全くする秘事也。

『射法指南』陰巻

**○堂射射手の心構えや四季による稽古の在り方とそれに伴う注意事項について**

一、弓道を明めんと思ひ、矢数をこゝろがくる者は、寸のひまをおしむべし。油断致ては稽古ならざるものなり。春夏の時は戌に伏て卯に起、秋冬の時は子に伏て寅の下刻に起る様に常々心掛、起るといなや手水をつかい、髪結て、扨稽古にとりかゝるべし。弓学をする事は春夏は昼の内、秋冬は夜学を成可し。是稽古の次第なり。弓矢韘の細工をするとも、手等切て稽古おこたる儀すべからず。細工道具を取ちらかしてあやまちなきやうに常々慎む可し。十五歳より二十年つとめて三十五歳になり、其より後は天下に名を発て上手名人にも至る可くつとめよや。

『射法指南』陰巻

**○堂形稽古がうまく出来れば堂射で成功すること必定である。また堂射本番では堂形稽古の時よりも通り矢数は多くなることがある。その理由の一つとして、特によい弓具を入手出来ない地方の射手は京都でよい弓具を手にすることが出来るということがあげられる。どれ程腕が良くても条件（よい弓具）が整わなくては力を発揮することは出来ないという理由からである。**

一、矢数稽古、堂形なくては暗の夜を行がごとし。堂形のけいこ委ければ本堂にかゝりてさのみたがひなし。堂形にて三分のぬけは本堂にて四分にかゝる道理あり。如何となれば田舎辺土にて射るには村師矢師楪屋など不自由なれば、其射手に不レ合弓矢を以て射させぬる故なり。然ば堂形の稽古より本堂のぬけはよき道理なれども、本堂にて射る時は不レ通矢上下前に当りて折て手前にひゞき、気の臆するわけありて分をとるなり。此故に弓道具不足なく沢山にさいさい堂を射て病気を去る時は通矢多くなる事必定なり。他の国にても弓矢の相応を専とするとみゑて劉子曰、逢蒙一）善く射れども不能用不調弓矢、造夫二）善御れども不能策不暇の馬、孫呉三）善く将すれども戦しむる事不能不習之卒ヲと有。とかく錬習を能するに有。

『射法指南』陰巻

一）逢蒙……………ほうもう。中国の神話に登場する人物で、弓の名人羿の弟子

二）造夫……………周の穆王に仕えた優れた御者。「六馬和せざれば造父を以て遠きを致す能はず。」

三）孫呉……………孫武と呉起。中国春秋時代の兵法家。

**○（前年の）九月～十月頃から上の射手は朝・昼前・昼過ぎの三回に分け、一日二千射、中の射手は千五百射、下の射手は八百射を休むことなく毎日稽古に励むこと、また寒には二百～三百射増やし、正月～二月頃には限界まで追い込む稽古を行い、三月に入ってからは昼間に芝射前の稽古を行いたいものである。**

**また『矢数論』という書によると、初日に五百射から始め、六日を周期に日を追う毎に矢数を増やし七日目を休養日**

**とするパターンを繰り返す稽古法が示されている。**

第八　諸国の射手とり九十月より毎日稽古を勤むるに、上根の射手は朝間七百、昼迄に千筋、昼過て三百、毎日二千、中根の射手は朝間五百、昼の内は八百、昼過て弐百、毎日千五百、下根の射手は朝間三百、昼までに五百、毎日八百懈怠なく勤め、とりわけ寒三十日は二百三百増加すべし。正二月の内に根気一ぱいの肩ためしすべし。三月からは堂にての稽古なれば、朝の稽古を怠らず、昼は芝を射て欝を晴らし、苦労にならぬ程に稽古し心に稽古し心に油断なく日々に勤むる事、彼堂修理以後大概此格をもて勤めたきものなり。

矢数論一に曰く、毎日稽古の勤めやう次第は、初日に五百射て二日に七百、三日に九百、四日に千百、五日に千三百、六日めに千五百射あげて、三日休みて、又五百から千五百まで六日勤めては三日休み、くりかえしくりかえし常に懈怠なく此格をもて根気相応の数をたて、年月を積り、次第に射上る事誠に退屈をしのぎ初心をそだつる為なれば、其国々にての勤もかゝるべきか。

『矢数精義書』

一　矢数論…………『矢数記』（別名『矢数物語』）を指すか？同書は森川香山の高弟奥村亦左衛門の門人で三宅半三郎という少年が延宝八年に半堂大矢数に挑んだ折の稽古段階から当日迄の稽古の経緯について記録した書である。

**○矢数を増やしていく稽古法には、初日五百〜六百射、次の日は七百〜八百射と徐々に矢数を増やしていき、一日千五百射位までになってから三〜五日休養するというパターンを繰り返す稽古を行うこと。また年に二〜三度は体力の限界まで追い込むという稽古を行い、稽古段階では本番で使用する弓より強めの弓に細弦をかけて稽古することが大切である。**

**なお当日は矢が通ったか否かを気にせず、己れの射法射術の良否に意を払うことが重要である。また通り矢数が少なくても、落ち着いて多くの矢を発射するよう努めることが肝要である。**

一、問て、矢数大躰の口伝は尤右に承る所肝要也。扨又稽古の次第、併当日の心持を承らむ。

答、矢数初心の稽古に取入る可き始末は其射手々々による品々有といへども、大躰稽古の数を上るに、譬ば一日に五六百の矢を射させて翌日は七八百も射て、其次に追々千四五百計の稽古に詰なし、扨五三日も休せて又々右のご如くに稽古可き事也。毎日矢数四五百づゝは寡き稽古の様に思へども、日をかゝさずいつとなく射つむれば、も心も草臥稽古も身にしまぬ物なり。扨又四五千の惣数を発つ可き望有る程の射手は、年中に二三度も大数を放して身の草臥を制すべき事也。然ば当日に射可き弓よりも少つよき弓に細弦をかけて射べし。此分にても芝さし矢と矢数さし矢の替わりにてためし稽古と当日の惣矢は抜群に違筈也。

扨当日の心持はせきまじき事を第一にして数のぬけるとぬけぬにかまわず手前の達者を肝要にすべし。矢の高ぬけの矢を好む可き功者の至り也。初千にぬけ矢有也。二千目に抜群おとる可きも有。初千より二千目に過分に数の増も有べし。稽古の地ぬけはすくなき射手の当日に抜数過分成もあり。地ぬけ多けれども当日の抜数少きも有る也。然ば抜数はすくなく共達者に惣数を離す可き事心底に納て、せかずそゝらずをもてつよき事を当日の心得とや云べき。

『矢数指南師弟問答』（『師弟問答　完』）

**〇稽古で痛みが出たり矢飛びが悪かったり稽古に身が入らないような時は稽古を休み、痛みや気分が治ってから稽古を始めるというのが通常であるが、矢数稽古の場合は如何でしょうか、という質問があるが、これに対し次のように考える。**

**通常はそのようにすべきであるが、堂射の稽古を始めて二三年も経過している射手であれば己れを甘やかした稽古をして成果があがらない場合があるので、たとえ射法射術が間違っていても己れの射が崩れ痛みの極まで追い込むような稽古をすべきである。そうすれば道は開けるものである。**

一、問、稽古の内に身の痛出来事と、又時として矢振悪敷、稽古の身に不レ染る時有。ケやうの時節は休て痛の止たる時に稽古にかゝるやうに仕る可くきの事は常に習也。矢数稽古の易は如何。

答、尤常の稽古は其時宜に順ず可き事なれ共、矢数の心掛に取、二三年をも詰たる射手は身をあまやかして達者もあがらぬ程積なれば、喩へ手前の違て射悪しとも、時に依ては弥崩るゝ迄も稽古を詰て痛様も見届、又草臥も制べし。是は身の程を知る可き稽古也。尚又ためし稽古の内に痛所出来る時、稽古を指置事は矢数には似合ぬ事也。痛共おし詰て数を射る事尤成るべし。さすれば自然に痛も止むもの也。其故は惣躰の内弱み所へ先痛はつくもの也。

去ば草臥の上に何程射るぞと知る可き事を例す可き事尤也。例稽古の時は短弓にて稽古すべし。長弓好とき弦をもぎ角木は稽古したらん。五千の数は堂弓堂指矢にて三千の矢数むかはん事を知る可し。近年矢数の人々当日の躰を見聞に、譬ば指矢千四五百計の射手はぬけ矢千余りの時分より形の如くに草臥て千三四百に詰る時分兼所の三日所草臥の程目もあてられぬ風情なれ共、かへんと勢力を以て射届るとこそ見へたれ、。面々の稽古も当日を射べきためなれば、右の例肝要なるべし。

右是までは寛永八年の夏書綴りたりし口伝也。然るに去年尾州より昇りし三人の射手共の稽古鍛錬、併当日の躰を見、自分の心持に比べ、或は其射手にこの心持を聞き、其趣を分別し、今度の長谷六左衛門当日の様子併他流の射手当日の仕合然る可からざるに引比べ彼是共に其功を得る物に、たとへば唯一の物に九つを加へたるごとく格別の意功有り。然りと雖も此書に任すべき事にはあらず。千金莫伝成べし。是寛永十三年卯月晦日に是書加たる短言也。

『矢数指南師弟問答』（『師弟問答　完』）

**○通常の太く重い矢、鈍くしまりのない弓を使った稽古では通り矢は少ないというけれども、これは堂射本番のための訓練である。普段よい条件の弓矢を使った稽古をしている射手は、本番で射始めはまだ草臥れていないので通り矢数は多いけれどもその内草臥れてくると通り矢数が少なくなるものである。逆に普段悪条件の弓矢で稽古している射手は、射始めは調子が出なくとも、次第に通り矢数は増えていくものである。**

一、問て、堂形にては稽古し、其位を取べき心持、併堂にての稽古同前可なるべきや。

答、形も形によるべければ、堂にかはり是非は今書究べきにあらず。去乍ら当日の肝要を取る可き稽古なれば、堂にて不断の稽古には抜矢寡しと雖も、指矢はふとき重き矢、弓はにぶくしだるきにて射可き事こそ稽古の心持なれ。此時少し宛かゝる矢は当日には皆ぬけ矢なるべし。其上射込の鍛錬を極むべき為也。然ば細矢にては射込定め難し。太き矢にての稽古は手前をそだて中を知る可き為也。

又不断の稽古に当日の矢当日の弓位なるに、稽古して抜数を悦ぶ射手は当日に朝の間に草臥ぬ内は抜数多けれども、草臥気付ては思ひの外に抜の都合すくなき筈ぞ。去れば不断太き矢にて稽古したる射手は、当日の朝百二百の間ははね付る様なれども、次第に抜のかさむ筈也。是のみにあらず、不断の抜多きを以て人にのせほめられるゝ沙汰を正路に受て懦気したる者か。当日の昼迄に抜矢の積りを見て、其積り少くば必心せきて弥射損る事有るべければ、不断人に誉められたるは身の為には不レ然儀なるべし。依て功者は稽古の時見物人あれば抜の帖を見せぬと見へたり。

『矢数指南師弟問答』（『師弟問答　完』）

**○ある弟子が、「普段の稽古は悪条件の弓矢で行えという教えにはどのような意図があるのでしょうか」という質問をした。これに対し師は次のように答えたという。**

**普段好条件の弓矢で稽古している射手は、少ない矢数の稽古では通り矢率は高いが、矢数が増えるにしたがって矢飛びが定まらなくなり、通り矢率も悪くなっていく。これに反して普段悪条件の弓矢で稽古している射手は（射法射術がしっかりしているので）草臥れても修正が出来る力を持っているので通り矢率も下がらないものである。**

一、問、当日に射可き位の弓矢にて射込の鍛錬すべき事こそ当日の稽古には成る可き事を、重き矢にて射込をせよと承る、其心持如何。

答、其不審余儀無し。去れ共是は功者大射手の心に至るべき口伝也。不断堂にて五十百宛稽古する時、能弓能矢にて射れば十に七つ八つ抜にして当日も惣矢数三千に付て抜矢千七八百二千計必と思ふ事尤也。去共漸くに三千の惣矢を放つ可き程の射手は、惣矢数二千の内外より過半後矢数を内へ射込まん事を専にする事を見べし。然ば常の稽古の時も細矢にて拳を定るに前つきたがるを真中位に射込ば其拳こそ後へ加減の鍛錬なれば、当日に草臥気の付てより後へ行く事過半なるは道理也。

扨又不断の稽古に太き矢にて鍛錬したるの徳は、後ろへ行く事を常に知りて前へ射込曲尺を不断身のかねと習ひを詰たれば、草臥付とも後矢のあしらひは苦労にならぬ筈なり。兼又太く重き矢にて常に間ためす也。一間足らぬ矢先は当日の吟味に撰たる弓と指矢のかはりにて抜ずして叶はぬ道理をしれば也。

『矢数指南師弟問答』（『師弟問答　完』）

**○ある弟子から「普段太く重い矢や矢さし弓を使った稽古であってものが、本番になって細く軽い矢を使うと、様子が違うのでよくないのではないでしょうか」という質問があった。これに対し師は、普段悪条件の弓矢を使った稽古で射た矢が左右上下に当ったりして通らなくても、それぞれの矢の特徴を知り、好条件の弓矢を使えば通るということを理解することが大切である。したがって普段の稽古では正しい射法射術の体得を主眼とすることが肝要であるといったという。**

一、右の道理は尤なれ共、当日細く軽き矢、また矢さし弓を以て射るは、常に重き矢にて稽古に抜たる矢の挙当の鍛錬は、当日必前へ当り、又は手つくべきと致、此違は如何。

答、尤其分也。それに付て当日の矢に一二三の品を撰、其一の矢は右不審を兼たる所也。当朝の間は弓を以て矢を計べき口伝あらん。常の稽古こそ当日を不断心がくる鍛錬なれば、矢毎に心をつくべし。太く重き矢にて高く抜きたるをば当日にはね付たる矢（二）也と思ひ、縁中丸柱の辺にて落ちたる矢は当日にはきれいなる抜矢也と存、又前へ近く抜たる矢は当日の矢にては枡形に当たる矢也と思ひ、扨又後門（三）より先きにて前に当たる矢は当日の草臥たる時分は此矢こそ能位の抜矢なれと思へば一つ々々に心有稽古にて、一矢も損矢を見ざるは功者の稽古なり。扨折々能弓能矢にて射る時の抜を以て当日を覚悟すべし。爰にて引く矢の抜るは当日に数の手柄有るべき例ならんかし。然ば不断の稽古は身の曲尺を専に鍛錬すべし。あたらぬ迄もはづれざりけりの心肝要の口伝也。

『矢数指南師弟問答』（『師弟問答　完』）

一）はね付たる矢…………堂射に使用する矢の中で四匁八分位ある太く重い矢をいう。この矢の羽中に朱で〇を書き稽古矢として使用する。

「はね付たる矢」ははね退けた矢という意味。

二）後門…………裏門、すなわち堂の西側裏門か？

**○弟子が師に「大矢数は堂射の中でも射手にとって心身技とも大変な種目なので、当日直前までしっかりとした稽古をすべきであるというが………。」という質問をした。**

**これに対し師は「日頃の稽古さへしっかりとしておれば、当日十日～十五日前頃から激しい稽古は控え目にし、心身ともにゆったりと過ごすこと、また本番の五日前頃以後は芝射前も百～二百射位とし、堂（堂形のことか？）での稽古も五十～百射位とし、通ったか否かをあまり気にしないことが肝要である。」といったという。**

一、追て問、矢数は達者第一なる業なれば、身を砕心を尽すの稽古は隠さず。云ば当日の五日三日に至までも大矢数の稽古に油断有る可からずを本意と致す可きか。

答、当日十日十五日前より稽古をゆるがせにして心も身もくつろぐる事尤成べし。当日に近き頃あまりにもみたてたる稽古は当日の草臥に成る可き道理有。然に常の稽古さへ能かせぎ詰、又様稽古ゟも前の秋冬の中に二三度計も様仕たらんにおいては当日に近き時分のつよきかせぎには及ぬ事成べし。去ば十日十五日前より稽古をひかへ、当日五日以前より芝稽古も一日に百二百の間にして、堂にて抜を見る事も五拾百宛の稽古の分にて余にかせがんはよろしからんかし。其時分に至て常より抜の劣る事有共、それにもかゝはるべからず、能時分の当日を延ル事なかれ。当日に心いさぎよく日を詰て射すませばほゞ前廉の積程は抜も惣数も行もの成べし。

『矢数指南師弟問答』（『師弟問答　完』）

一）様稽古…………ためしげいこ。堂射本番に近い条件の下での稽古。

**○射手に二千～五千射位射させて達者か否かを見分け、そのレベルに応じた稽古をさせることが大切である。初心の射手には五千射位の段階で射形の善悪を正し、七千～八千射位射ても射形が崩れず疲労もないようであれば一万射位を射させてみる。初心のうちから多くの矢数をかけ射形がくずれるような稽古は厳に慎むべきである。**

肩様一）之事

一、肩様は射者の達者不達者見て、先づ最初より二千三千四五千程射させて、達者不達者を考、扨昼夜の数を射させ候事也。初心の内は弓力射掛け五六寸より七八寸までの弓五六張にて段々力をおとし射させべし。五千位にて射形善悪を見正し、又七八千位にていよいよ形も崩れず矢束も相応に引き草臥も無く数相応に見ゆれば一万余の数を射させべし。

又五六千にて射形も崩れ草臥も見へ候はゞ、五六千にて為レ正五七日も稽古射させべし。稽古に随ひ数はかゝるもの也。最初よりむりに射形に構はず数を射さす事は宜しからず。甚だきろふ事也。扨一万余のかずを放て終日射形も崩ず草臥も射手相応に見ゆるならば、指矢を以矢請等善悪を二三百計射させ見べし。大体五六千より七八千迄にて達者は知るもの也。口伝万々之有り。

『日月星巻』

一）肩様…………かただめし。あらかじめ時間を定めて己の矢数の力量を試す稽古法。

**○最初は午前六時から夕方六時までの日矢数を実施し、一刻に千二百射すれば七千二百射ることが出来、その内三割通れば二千百六十本の通り矢数となる。二度目は午前十時から開始し一万射し四割通れば通り矢数は四千本となる。さらに三度目は午前零時より一万一千射で五割通せば五千五百本となり、四度目は午後六時より始めて一万二千射し、六割八分通せば日本一となる。**

**なお通り矢数については惣矢数を多くすることによりそれなりの通り矢数を得るか、または惣矢数は少なくとも通し矢率を高くするかの二通りの考え方がある。**

一、初矢数は卯の刻より酉の刻にて日矢数を致にあり。一時に千二百宛放せば七千二百なり。平均三分に廻り二千百六十の通矢なり。二度目の矢数には巳の刻より射かけて惣矢一万放して四分に廻りて四千なり。三度目の矢数には子の刻より射かけて一万千の矢数を放て五分に廻りて五千五百の通り矢なり。四度目の矢数には暮六ツより射かけて惣矢一万二千の矢を放て六分八厘にまわれば天下一なり。

亦惣矢一万放て八分二厘に廻は天下一なり。是を以て見る時は、達者あれば分をとりても通矢多き徳あり。達者勝れずとも分よければ望あり。高山八右衛門矢数時は朝六ツより暮六ツ迄六時の内に惣矢八千八百四本発て六千百五十四本の天下一致し侍る。是は京都の堂のつもりなり。武州浅草の堂は縁鼻下りて其徳あるをや、射手のかくして不ﾚ言所なり。然る時は堂形を以稽古をはげむ時は初矢数に惣一を致させ侍らむことを掌にあるをや、射手の隠して不ﾚ言所也。然時は堂形以て稽古を励む時は、初矢数に惣一を射させらると云なり。

『走射青葉目録』

**○肩様といって無闇に射させることはよくない。肩様はまず二刻に三千射ほど、四刻に五千射ほど射させ、その後日中十二時間の稽古を行わせてみると、始めは六千射、次は七千二百射、三度目は七千八百射射ることが出来るようになる。このような稽古を行うことにより次第に力がつくようになるのである。兎に角堂形稽古は重要であるといえよう。**

一、肩様仕様之事　肩様するとて一概に射ること悪し。先二時に三千ほど射させて、四時に時に五千ほど射させて、明六ツ時より暮六ツ時まで射させ見るに、始めは一時に千宛のつもり六千はなす。其後は一時に千二百づゝのつもり、七千二百放す。其の後は千三百づゝの積り見べし。如是度々射さする時は達者は次第につく者なり。達者つきて貫矢次第につくものなり。達者つきて、ぬけ矢をせるのは堂形をさいさい射るに有り。兎角矢数は堂形なくてはならぬ者と云義をば合点すること肝要なり。

『走射青葉目録』

**○稽古の始めと射納めには押手勝手身体の調和を確認するために必ず素引きをして得心することが肝要である。このようにすれば早気や軽はずみの射はなくなるものである。**

一、射掛りの釣合、射納の釣合の事　是は指矢にかるはづみをつけ間鋪教なり。教訓の巻に素引して放るゝ所のかぎりを是なり。前に云推手勝手身三つの釣合をよく心に素引にて覚へ、扨射かけるなり。射おさむるには右の釣合を得心して置くなり。射かゝりと射納とを如レ是するときは、早気ニ軽はづみつかざるものなり。是大事なり。

『走射青葉目録』（『射法指南』陰巻・『青葉巻』陰と校合）

一）早気…………はやけ。射術における心的病癖の一つで、詰合に入る以前に離れるか、或は詰合に入っても伸合なく離れるもの。遅気の対。

**○休みなく稽古に励み、しっかりとした射術を会得し矢数もそれなりに得ることが出来るようになるのは、日頃からの努力の賜物といえよう。肩様といってあらかじめ一日に射る矢数を定めてこれを行うという稽古法があるが、これは己れの射法射術の正不正を知るためのものである。また自分の藩に堂形施設があればそこで己れの射を正し、もしなければ秋〜冬に上京し三十三間堂で射馴れるための稽古をすることである。本堂は己れの射の善悪を判断する計りのようなものであるから、通り矢の様子によってさらに稽古に励むことが肝要である。**

明暮勤励年月練磨して手前直にかたまり矢数そろふ事、誠に稽古の効浅からぬ冥加なり。肩ためしとて、一日に数をたてゝ射る事あり。是は手前の正しき所を知らんためなり。其国に堂形あれば毎日射込を稽古して善悪をたゞす。其国に堂形なければ九十月霜月より上京して彼堂にて射馴るゝなり。されば三十三間堂は権衡にて軽重をはかるが如し。天地左右のへんなく六十六間の権衡にかけて日々にあらため、よきときは其手前を巻藁にうつして稽古をなし、矢筋よろしからざる時はかへっておのれにもとめ、心の迷ひ身の曲を改め、平天稽古を励むべし。

『矢数精義書同追考』

# 引用文献一覧


○『安斎随筆』巻之五　伊勢貞丈著　故実叢書第二六回　明治図書　昭和二八年
○『石堂竹林流印可之書』　日月星　天明六年　東北大学狩野文庫蔵
○『越後長岡年中行事懐旧歳記』　小川当知著　反町茂雄校訂　長岡市　一九六四年
○『江戸紀聞』　巻二十　東京都立公文書館蔵
○『江戸三十三間堂矢数帳』都立中央図書館蔵
○『江戸砂子　続』　菊岡沾凉　享保二十年刊
○『江戸深川参拾参問堂堂地絵図』（『東京誌料』　甲良豊前筆）東京都立公文書館蔵
○『江戸名勝図志』下　都立公文書館蔵
○『閑際筆記』藤井懶斎　正徳五年刊（『日本随筆大成』第一七　吉川弘文館　昭和五一年）
○『笈埃随筆』百井傏雨　無窮会神衆本（『日本随筆大成』一二　吉川弘文館　昭和四九年）
○『弓海集』下　大和流　（『大和流弓道伝書印可之部』　森川清編　大和流弓道伝書頒布会　昭和十一年
○『嬉遊笑覧』巻四　（『日本随筆大成』別巻　吉川弘文館　昭和五四年）
○『求身抄』（『安斎雑考』下之巻）伊勢貞丈著　宝暦十一年
○『弓道口伝覚書』　大和流　個人蔵
○『弓道講座』第十巻　雄山閣　昭和十六年
○『弓道自讃書』　森川香山　神永家蔵本（『日本武道大系』第四巻　同朋舎　一九八二年
○『京都見聞記』第四巻　駒敏郎・村井康彦・森谷尅久編　法蔵館　一九九二年

○『京都三拾三間堂通矢起立並弓道執心之人々通矢稽古場御造立之記』　東京国立博物館蔵

○『京都三十三間堂明細記』　中央大学図書館蔵

○『京都三十三間堂矢数帳』　東京国立博物館蔵

○『享保撰要類集』（『東京市史稿』五　市街篇　東京市役所　昭和三年）

○『享保日記』　西野正府（『随筆百花苑』第十五）森銑三編　中央公論社　昭和五六年

○『芸州射芸書』地之巻　竹林吉万吉利　文政十一年（昭和十二年　樋口臥龍　謄写）

○『芸州射芸書』人之巻　竹林吉万吉利　天保六年（昭和十二年　樋口臥龍　謄写）

○『元心先生秘伝書』源治察　安永二年　伊達開拓記念館蔵

○『江都三十三間堂大矢数氏名』　筆者蔵

○『極秘伝吉田流三光之書　日月星』年代不明　金沢市立図書蔵

○『後松日記』松岡行儀義文政～嘉永年間　（『日本随筆大成』　七　吉川弘文館　昭和五二年）

○『花洛名勝図会』川喜多真彦撰　松川半山画　文久二年刊　筑波大学中央図書館蔵

○『筱舎漫筆』　西田直養　（『日本随筆大成』第二期　吉川弘文館　昭和四九年）

○『指矢之書』　年代不明　個人蔵

○『指矢伝授書』　享保十七年　伊達開拓記念館蔵

○『差矢前射法精義』　岡内木範士口授　大正七年　個人蔵（写）

○『指矢前修業之巻抄』大和流　個人蔵

○『指矢前伝授秘書』　享保十七年　伊達開拓記念館蔵

○『指矢前紅葉之書』　印西派　安永四年　個人蔵（写）

○『三拾三間堂仕様之覚』（「東京市史稿」市街篇第四　東京市役所　昭和年）
○『三拾三間堂由緒』　東京国立博物館蔵
○『志ぐれ草紙』　小川渉著　昭和十年
○『指南書』上　吉田流　寛永十五年　伊達開拓記念館蔵
○『指南之書』　年代不明　個人蔵
○『自他射学師弟問答』　※『弓道資料集』第十二巻所収
○『自他問答』　米田新八郎　寛政九年　丸亀市立資料館横田家蔵本　※『弓道資料集』第十二巻所収
○『射学要録』　平瀬光雄著　天明八年刊　※『弓道資料集』第一巻所収
○『射術教歌』　年代不明　伊達開拓記念館蔵
○『射術教歌書』　宝暦九年　仙台市立博物館蔵
○『射術稽古聞書』　大和流　福島家蔵
○『射術指南書』上　吉田流　寛永十五年　伊達開拓記念館蔵
○『射術集儲書』文化四年　京都府立資料館蔵
○『射術撰要集』六之巻　宝暦三年　東北大学図書館狩野文庫蔵
○『射評』　須山義文著　寛政三年　※『弓道資料集』第二巻所収
○『射法指南』陰巻（『青葉』陰）　若林新太郎　天明六年(写)　伊達開拓記念館蔵
※大郡山市教育委員会蔵本・『走射青葉目録』森川香山（石崎長久文書）寛文八年と校合
○『射法指南』陽巻（『紅葉』陽）　若林新太郎　天明六年（写）　伊達開拓記念館蔵
※大郡山市教育委員会蔵本・『走者草の部』　石崎長久　寛文八年と校合

○『射法指南』陽之巻　射術草ノ部　天明六年（石崎長久文書　筑波大体芸図書館蔵）
○『射勒要集』礼之巻　吉田流　嘉永元年（写）　伊達開拓記念館蔵
○『史料京都見聞記』第四巻　駒井敏郎・他編　法蔵館　平成四年
○『新書後編射学精要』平瀬光雄　寛政十一年刊　※『弓道資料集』第一巻所収
○『新編江戸名所図誌』後編　巻七（都立公文書館）
○『走射青葉目録』　森川香山（石崎長久文書）
○『走射指南』陰巻　石崎八郎聞書　安政三年　大和郡山市教育委員会蔵
○『大小矢数之事』　窪田之好（写）　文政四年　個人蔵
○※題名なし文書　金沢市立図書館「狩野文庫」蔵　年代不明
○『竹林指矢前秘伝之書』　文政三年　※『日本武道大系』第四巻所収
○『貞丈雑記』巻之十　伊勢貞丈著　天明年間　（新訂増補故実叢書　吉川弘文館　昭和二七年）
○『東京通志』（『東京市史編』　遊園編　四）東京市役所　昭和七年
○『当時珍節要秘録』　山内好正　天保四年　（『東京市史稿』第一七　東京市役所　昭和七年）
○『堂射巧』（『日置流弓術』　寛文三年（写）　国立国会図書館蔵
○『堂射考』　賀古基寛　延享甲子秋　島根大学図書館蔵
○『堂前射人并役人以下加勢掟万事心得切紙集』　正倫　嘉永四年　東北学院大学蔵
○『堂前指南覚秘伝之巻』　経武内伝　年代不明　個人蔵
○『堂前大全追加　天地之巻追加文書』　高村順太（久留米藩）　享和二年　個人蔵（写）

○『当流指矢前私鑑口決書』　文化四年　個人蔵
○『南都射手姓名録』　高木正朝　天保十二年　天理図書館蔵
○『日月星巻』　竹林派　米田新八郎　寛政九年　丸亀市立資料館蔵
○『古郷帰江戸咄』　鈴屋平右衛門　貞享四年（『近世文学資料類従』近世文学書誌研究会編　一九八〇年　勉誠社）
○『題名不明文書』　年代不明　金沢市立図書館加越能文庫蔵
○『武江年表』（『東京市史稿』第五三　東京市役所　昭和三八年）
○『府内誌残編』（『東京市史稿』第五　市街篇　東京市役所　昭和三年）
○『文政町方書上』（『東京市史稿　市街篇第一四　東京市役所　昭和七年）
○『日置流雪荷派弓目録』　及川源兵衛（写）　寛政十三年　京都府立資料館蔵
○『日置流弓伝註解』年代不明　金沢市立図書館蔵
○『日置流百首和歌』　正貫通　延享二年　※『弓道資料集』第十五巻所収
○『源貞氏耳袋』　十ノ九三　（『仙台市史』八　一九七五年）
○『矢数師資問答』大和流　天保十二年　福島家蔵　※宮城県立図書館斎藤報恩会本（正徳二年）と校合
○『矢数指南師弟問答』（『師弟問答　完』）　寛永八年　丸亀市立資料館蔵　※別に個人蔵（明治二七年写）あり
○『矢数精義書』　廣瀬彌一編　※『弓道資料集』第三巻所収
○『矢数精義書同追考』　廣瀬彌一編　※『弓道資料集』第三巻所収
○『矢数之次第秘伝書』大和流　個人蔵（写）
○『大和流弓道天之巻一段第六』（『大和流弓道伝書・免許之部』）　尾形宮次郎編　昭和十四年（自刊）
○『大和流弓道天之巻二段第二』　同　右

○『大和流弓道地之巻六段第一』　同　右
○『大和流弓道地之巻六段第三』　同　右
○『大和流弓道地之巻六段第四』　同　右
○『大和流弓道地之巻七段第一』　同　右
○『弓稽古委細』文化五年　金沢市立図書館蔵
○『弓書』下　年代不明　仙台市立博物館蔵
○『弓書心覚』下　藤原高治（写）　仙台市立博物館
○『弓村秘伝抄』　源治察　安永二年　伊達開拓記念館蔵
○『吉田流印西派射術』天保十四年　八戸市立図書館蔵　※『弓道資料集』第七巻所収
○『吉田流指南書』上　小塚織部　寛永十五年　伊達開拓記念館蔵
○『洛陽蓮華王院三拾三間堂之割』　甲良豊前　（『東京市史稿』　市街篇第四　東京市役所　昭和七年）

著者紹介
入江康平（いりえ こうへい）
1939年　徳島県生まれ
1964年　東京教育大学体育学専攻科修了
筑波大学教授（体育科学系）、同大学体育専門学群副学群長、同大学附属中学校長、日本武道学会副会長、国際弓道連盟理事などを歴任
現　在　筑波大学名誉教授、日本武道学会顧問、大倉精神文化研究所研究員
博士（学術）
〈主要編著書〉
『日本武道大系』全10巻（同朋舎）、『日本の武道』全16巻（講談社）、『弓道書総覧』（木立出版）、『武道傳書集成』全10巻（筑波大学武道文化研究会）、『弓道資料集』全15巻（いなほ書房）、『近世武道文献目録』（第一書房）、『武道　日本史小百科』（東京堂出版）、『弓道指導の理論と実際』（不昧堂出版）、『近代弓道書選集』全9巻（本の友社）、『武道文化の探求』（不昧堂出版）、『堂射武道における歴史と思想』（第一書房）、『弓射の文化史』上巻・下巻（雄山閣）、『堂射の話』（雄山閣）、その他

**堂射関係資料集　中巻**

2024年12月10日　第1刷

編　者　入 江 康 平
発行者　星 田 宏 司
発行所　株式会社　い な ほ 書 房
〒169-0075 東京都新宿区高田馬場 1-16-11
電　話　03（3209）7692
発売所　株式会社　星　雲　社
（共同出版社・流通責任出版社）
〒112-0005 東京都文京区水道 1-3-30
電　話　03（3868）3275

乱丁・落丁本はお取り替えします。
ISBN978-4-434-35153-2